畢生追求

愛與自由

LOVE AND FREEDOM

少女綠妖 著

從「心」理解生活的意義與價值，
找回人生的美好時光

進來「阿綠酒館」，讓主播少女綠妖為你點一首青春的歌……
曾經你單槍匹馬，來到大都市，為了理想生活，拚命抓取
然而你經歷的，是許多身不由己，是許多失去

目錄

Chapter 1

認清現實，放棄部分抵抗

平淡比轟轟烈烈難多了

　　從前，有一個富家女子，每日的生活主題是美麗和玩樂，她有一個非常幸福的家庭，父親母親慈愛，姐妹之間親和，未來如果不發生意外，她將在家人們的見證下，找一個門當戶對的男子，結婚、生子，度過富有且平靜無波瀾的一生。但就在某一天，她偶然闖入平常人家，發現一位男子「賣身葬父」，她哪裡見過這等人間慘事，只覺得這名男子忠厚善良，實在是動人，於是對他產生了愛意。生命的第一個選擇題出現了：富足無憂的生活和真心愛人，究竟該選哪一個呢？歷史總是非常相似，她和眾多平凡的女孩一樣，選擇了真心愛人。他們過起了人間最尋常的生活，男耕女織，炊煙裊裊，互相敬愛。直到富家女的父親發現，勒令他們分開。出於對丈夫的保護，她不得不跟著父親回家……

　　這個故事很老土，就是董永和七仙女的故事。我為什麼要在開頭講這麼一個故事呢？其實這裡面蘊含著現代人的問題：我們是如何一步步淪為凡人，又是如何一步步地接受「自己是個凡人」這件事情的？

　　記得我人生軌跡發生劇烈變化的時候，是大學。大學對

我來說是很重要的一段經歷。這個「重要」不是像高中老師說的「如果進入前段大學，你就等於成功了一半」，而是它並沒有如所有人的預言和願望那樣，卻產生了奇妙的連鎖反應。

我的故事是在我基測水平沒有完全發揮出來，進入了一所普通大學之後開始的。擇校的時候甚至是補報的，因為那一年就是很邪門兒，按照往年經驗，我遠超平均分數好幾分，上一所優秀的大學應該問題不大，可那一年偏偏就是不行，只好補報。可以想見，學校其實不會太好。

我抱著「寧當雞頭，不做鳳尾」的念頭，想要在平凡的大學裡做出不平凡的成績。所以我積極參與各種社團活動，加入學院和學校的學生會，拚命出頭，希望老師們能看到我。與此同時，我也努力學習專業課，四年來，我每次期末考試的排名基本都不出前十。我與人為善，結交了一眾好友，他們之中有很多人到現在都還是我的好朋友，並沒有因為長時間身處異地便失去聯繫。絕沒有自誇，我就是這樣度過了整個大學生涯，並且覺得獲益匪淺。

我努力要成為一個很酷的人，嘗試了一個人旅行，雖然後怕得要死，還是覺得自己簡直酷得不行。嘗試了組樂隊、當主唱，我們樂隊甚至在當地幾個小酒吧都參與過 live（現場）表演，雖然反響平平。

努力想要在能力範圍內做到最好或者次好，總是不服輸、不甘心，我的命運不該這樣，我的未來肯定極其美好。而在美好到來之前，我要做的就是繼續做一個傲氣十足的仙女。

畢業後選擇「北漂」，也是覺得「北漂」一族大概是比較酷的一群人了。可是，當我身處狹窄的、房租八百塊一個月的小單間裡，每天在一家公司裡做重複、無意義的工作，下班後沒有朋友聊天，過生日也僅僅是一個人買了涼皮和小蛋糕慶祝的時候，我第一次意識到：現實真的有點兒殘酷。

參差多型的，才叫生活，它不能只是簡單地追逐同樣的璀璨，穿同樣的牌子，實現同一種價值，用同一種方式生活。每個人都一樣，哪還有趣味可言呢？

理想和現實之間的差距不是一點半點，而是千差萬別，是一道很難跨過的鴻溝。

第一份工作是經紀人助理，在我的想像中，我應該會風光地跟在某個大明星後面，為他部署工作事務，處理各種緋聞。而現實中我的工作是，用社交軟體定位到藝術院校，搜尋條件好的學生，跟他們線上溝通，讓他們把經紀業務放到我在的這家公司。其實說白了就是騙人的，收一大堆培訓費，也無法把人捧紅。

但我仍然沒有服輸，努力去找我想要的工作。我去做旅遊網站的文案，結果也只是在複製貼上，一個月不到我就

辭職了。之後在一家網際網路公司做營運編輯，總算步入正軌。

後來，部門老大帶著我們創業，那一年像是遍地有黃金一樣，一個人創業整個團隊都發財。我們沉浸在即將勝利的泡沫之中，堅持了兩年，終於還是落荒而逃 —— 在薪資連續幾個月發不出來之後。

面試到一家很喜歡的廣告公司，他們幫衛生用品做了很多社會化行銷，結果因為架構調整，我被踢出去了。之後在工作中，也受挫了很多次，經歷過質疑、徬徨、傷害，漸漸覺得自己其實驕傲什麼呢？工作多年本事沒長，脾氣倒是不減，我到底驕傲什麼呢？我自己也不知道。

這麼多工作中的挫折、生活中的磨難，使我漸漸認識到我可能成不了那種菁英上班族，我做不到那麼拚命，我能達到的高度就那麼高，我沒多特別。

我的業餘愛好也如出一轍，不知道是我命運不濟，還是真的天資平庸，眼界跟不上。粉絲專頁紅火的時候，我寫出過不少所謂的「爆紅文章」，出了一本書，眼瞅著自己似乎就要成為「當紅青年作家」了，卻沒有連續再出幾本，粉專也是平平無奇；播客紅火的時候，我已經累積了一大批聽眾，稍見漲勢時，我倒是也借了一點兒風力，累積了更大一批聽眾，可現在不得不承認的是，這陣風頭已經吹過，至於

風吹向了哪裡，到了哪個山頭，我也不知道。

　　經歷了種種，我知道自己只是個平凡的人，我的小才華不足以支撐起我的大夢想，我關注的過去早就成了過去，無論多輝煌或者多絢麗，都是過去，可以做下酒菜，而不是正餐。我期待的未來還遠在未來，我只能不慌不忙地走向它。我的現在才是最珍貴的，而現在往往是最容易被忽視的。

　　在這些磨難中，我收穫了很多，我接受了自己是個平凡人後，反而過得更加輕鬆、平和。當然可能也有年歲的加持，也許平淡的生活才是我們該去追求的，以為它易得，其實不是，它比轟轟烈烈難多了。

　　王小波在《黃金時代》裡講過：「生活就是個緩慢受錘的過程，人一天天老下去，奢望也一天天消失，最後變得像捱了錘的牛一樣。可是我過二十一歲生日時沒有預見到這一點。我覺得自己會永遠生猛下去，什麼也錘不了我。」

　　這句話並不消極。生活的真相是，我們一直在失去，但失去的同時也在獲得，如果堅定不移地相信自己的話，那就可以生猛地活下去。

　　人們覺得平凡就是柴米油鹽醬醋茶，是灶臺上的汙漬，是永遠也幹不完的家務和因此引發的爭吵。不是這樣的，平凡應該是像《伊豆的舞孃》裡講的：「當我擁有你，無論是在百貨公司買領帶，還是在廚房收拾一尾魚，我都覺得幸

福。」是這些煙火日常，給人帶來的生機和活力。

我們都是平凡的人，何不平凡地接受自己的限制，在限制中求取無限、在普通條件中創造更高條件呢？怕什麼被錘的過程，該怕的難道不是既覺得自己平凡又不敢接受這個事實，於是彆扭、不安，更什麼都做不出的那個自己嗎？

於是我決定去未來

　　我們選擇棲居地，選擇另一半，選擇職業，就是把命運交出去一半，跟老天打個賭，我就要在這塊兒地方奮鬥，我就要跟這個人在一起，我就要「死磕」這一行，最後結果是怎樣，好像重要，又好像沒那麼重要。這個地方容不下我，天大地大，總有容得下我的地方；這個人不行，人多路寬，多走走總能碰到吧；實在不適合我的職業，我轉個彎，也許就能找到真正適合的。人活一世，就要靈一世。

　　我想起我在北京經歷過的三處住所，以及發生在這些地方的很多事。

　　第一間屋子是舊小二層裡的隔間，地方很小，價錢便宜，房間裝不了什麼，一張一公尺二的單人床，緊靠著床的是一公尺寬的書桌，旁邊是帶拉鍊的衣櫃，之後那個衣櫃因為承載不了我的所有衣物，在某個晚上轟然倒塌。我在這間小屋裡住了四個月，甚至接待過朋友。工作日，我會早起一個小時，因為床靠近陽臺，太陽很早就曬到身上，起來學一個小時的日語，把五十音圖背得滾瓜爛熟，然後上班。週末就四處閒逛，晚上早早回來看書。

　　那間屋子裡加我在內住有五戶，二樓是一個大哥哥和一個大姐姐，大哥哥總坐在頂樓抽菸，他坐的地方可以直接看到我屋內的全貌，我雖然覺得他是個好人，但也害怕好人偶爾懷有歹意，於是一到天黑就拉上窗簾，逼仄的屋子顯得更加逼仄。我住一樓，隔壁是做行政工作的姑娘，隔壁住的是網路開發工程師。做行政的姑娘最開始說不帶男朋友回家，之後沒幾天男朋友就常住在這裡。她的男朋友經常上廁所不關門，不沖廁所，抽菸不開排氣扇，而我經常嫌廁所髒，時不時地打掃，他們便更猖狂。另一個開發工程師常不在家住，常有他的男性朋友帶女人來這裡借住，所以晚上異常精采。

　　而那個工程師呢，在我有一次蹲在洗手間地上洗衣服的時候，站在我對面，嬉皮笑臉地跟我說夜裡夢到我了，眼睛不知道瞟向哪裡，我的汗毛瞬間豎起了，決心一定要搬離這個地方。

　　想做就得趕緊做，不出一個月我就搬到離我後來的室友 H 很近的地方，房間是一間大主臥，有獨立洗手間和小陽臺，沒有人打擾。雖然仍然有奇葩的合租對象存在，比如一個經常生氣的三十歲的女人，夜裡總是帶回各種男人；比如一對小夫妻中的丈夫脾氣大，我總是莫名其妙地被他「套路」走水、電、天然氣費用。但好在終於有了獨立的環境。

　　我在第二間屋子裡創作，寫文章、錄節目，有很多朋友來北京都喜歡住在我家，我的父母也來住過一段日子，那一年，我跟自己玩得很開心。

　　之後因為房租漲了五百塊，我的薪資還不足以承擔漲起來的部分，剛好 H 的房子空了一間出來，我就搬到她的旁邊，直到現在。

　　我在這間屋子裡哭泣過。記得那是一個雪天，冬天最後一場雪，我叫了一個那時候跟我處得很好的朋友陪我，她看我喝完三罐啤酒，聽我痛陳我如何愛一個人，安慰我就算現在分開也沒什麼，而我就是執著地想要默默地陪著他。

　　我在這間屋子裡，玩得也很開心。有次參加完活動回到家，還不是很想睡，開啟最近很喜歡聽的音樂，跟著音樂搖擺，邊搖擺邊錄了影片，發給媽媽，她說我像瘋子一樣，但我覺得很開心。

　　我在這間屋子裡，時常會陷入沉默和失眠，因為很想一個人，想要他真的開心，即使那份開心不是因為我。我在這間屋子，度過了很長一段失意的時光。

　　後來我們終於跌跌撞撞地在一起，在同一屋簷下生活。我讓渡一部分自由，只是因為好喜歡好喜歡跟那個人在一起。

　　前幾日夜裡聽說北京要「清退」一些人，莫名其妙地

惶恐起來，他看出我惶恐，連聲安慰我：「沒事，大不了我們倆去別的地方嘛。」是哦，不管發生什麼事情，至少我們是兩個人站在一起。那一刻是安全且有力量的。週日下午，窩在家裡彈吉他、唱歌，他說我唱得奇怪，我就偏要爭個高低，他說突然覺得這樣的閒暇時光真好。

　　於是我決定去未來。我經歷過一些不好的日子，再兵荒馬亂也得自己扛起一切的日子，我未來也必定還會再有類似的日子，但是我不怕了，我覺得我不會再是一個人扛起一切。我們倆都沒有想過萬一分開會怎麼樣，是因為現在的日子細水長流得讓人覺得會一輩子這樣下去。

　　眼下可能會有各種不爽、不安、不甘，但是想想未來，嘗試著往前看看、往前走走，就會覺得眼下的那些不如意總會過去，相信未來會變好。不知道這是不是一種莫名其妙的樂觀主義，但何不樂觀一下呢？世界在下沉，我們在狂歡啊。

你想成為什麼樣的人

年過完了，世界的一切又恢復原樣，依舊是擁擠的地鐵、易怒的人，依舊有被感動的生活細節。每次早上醒來，都要感慨一番，昨晚做的噩夢只是夢一場，而我仍有機會扳回一城。

今年的春節是我過得相對滿足的一次，沒有浮誇的聚會，跟兩三個知己好友見面聊天，在家裡陪父母，帶他們看電影、吃飯，跟他們解釋我今年的目標和實現目標需要的步驟。爸媽年歲漸長，漸漸生出對晚景的擔憂，讓我看得既心疼又不知所措，因為在目前的情況下，我確實沒有辦法讓他們覺得非常有安全感。

回京後，生活照舊進行。似乎有很多事情可以明確前進的方向，按照計畫來推進，於是突然有種把握住了明天的感覺。其實把握明天怎麼可能呢？不過是安慰自己的一種說法。

最近看了網飛出品的一個真人秀，我在社群平臺裡推薦過，叫《酷男的異想世界》（*Queer Eye*）。我數度流淚，為人性的美好而感動，也為人與人之間的誠摯而感動。

016

　　被改造的人裡面，有看似不可能被改造的廢柴大叔，有被眾多兒女拖著的年輕父親，有警察，有創業公司的創始人，他們的政見、種族、宗教信仰都不同，甚至存在著衝突面。由於是綜藝節目，大家可能都期望看到「鬥爭」的場面，越劍拔弩張越好。但他們不是，他們抱著開放的態度，不奢望消滅不同的意見，而是在不同的意見之中保留相同處——這是溝通和交流的意義，我們不磨滅事物多樣性的同時，也會堅持自己堅持的。

　　這個節目給了我很多啟發，關於做一個怎麼樣的人。很多人心裡都有想成為的人，可能她更漂亮，更有學識，更酷，但很少有人心裡想成為的人是自己。我之前做的一期節目，題目叫「你喜歡自己嗎」，很多人說喜歡，但更多人的答案卻是否定的。

　　毛不易寫過一首歌：「像我這樣迷茫的人／像我這樣尋找的人／像我這樣碌碌無為的人／你還見過多少人／像我這樣孤單的人／像我這樣傻的人／像我這樣不甘平凡的人／世界上有多少人／像我這樣莫名其妙的人／會不會有人心疼。」放眼望去，全是我們不想成為的人，都是我們想要改正的毛病。

　　那我們要成為什麼樣的人呢？

　　要成為自信的人。許多人不喜歡自己，很多時候是因為

不相信自己，不相信自己的美好，看不見自己優於他人的一面，或者說只是把目光放在自己沒那麼好的地方，一直揪著自己的短處不放。何必呢？不足的地方是要去補齊，但一直盯著它，內心就會疑竇重重，唸叨著自己真是不夠好。要相信自己啊，要看到自己閃閃發光的地方啊，人人都愛愛黛兒的歌聲，愛到可以忽略她的身材，不是嗎？

　　要成為擁有開放心態的人。世界太大，跟自己不同的事物太多了，憑什麼只允許自己認定的東西是正確的、正常的，而抹殺其他存在的可能性？像是一個人張開懷抱去擁抱一隻刺蝟，有開放心態的人會擁抱到刺蝟軟軟的肚子，而心態封閉的人則會被刺傷。開放的前提是尊重，尊重對方和自己的不同，也尊重自己本身的堅持。像《酷男的異想世界》裡一位男士說的：「上帝告訴我要愛我的鄰居」、「我希望你們到來之後，會感覺到被愛、被接受」。節目裡的他們是開放、包容的，是美好的人性讓諸多異見得以被摒棄。

　　要成為不被恐懼束縛的人。我們害怕改變，害怕跳出舒適圈，甚至害怕成為想要成為的那個人，畢竟一路上的艱辛苦楚，可能不去經歷一番不會知道，而經歷這一番似乎又有些太苦了。因為恐懼，讓我們離目標遠了很多。很多人說想去大城市發展，但想到自己沒朋友、沒門路，就望而卻步；很多人說想辭職去旅行，但想到自己沒有錢，就此作罷……

這種事例太多了，不勝列舉，都是心中的恐懼在束縛著你我。像我，夢想了很多次去高空彈跳，拖了兩三年才實現，其實不過是眼一閉、心一橫、身子一蹦的事情。有些人可能覺得高空彈跳和其他事情比起來輕鬆很多，那麼，抗拒恐懼的第一步，不然先從高空彈跳開始唄。

要忠於自己，遵從本心。最最重要的是這一點，唯一不要背叛的人就是自己，即使不清楚自己喜歡什麼、想要什麼，至少也知道自己不喜歡什麼、不想要什麼，知道處在什麼情況下是讓自己舒服的狀態。在比昨天要漫長的今天，你是不是也努力地又度過了一天？總之就是不要做讓自己不舒服的事情，不要做那個不忠於自己的人。

我們也沒有必要成為像誰誰的人，為什麼要成為別人呢？就盡力去做自己就好了，世界不會因為你做自己就為難你，但你的那個「自己」一定得是個不危害周圍的人。當你終於和自己相遇，你會發現沒什麼事情比這更令人高興了。

我們曾接近理想生活，但都不以為意

　　某個週五晚上，我跟同事去甲方公司開會，討論策劃方案怎麼改進。會議長達三個小時，重點其實來來回回就那些，要義就是改兩個地方：這裡要改，那裡要改。我和同事在返回家的路上，激烈地討論了解決方案，雖然感覺自己一腦子糨糊，焦頭爛額，但那種忙碌到充實的感覺，還是讓我覺得得到滋養，覺得自己有價值。

　　等地鐵的時候，老大突然在工作群裡劈頭蓋臉地數落我的不對，跟客戶講話不嚴謹，被客戶那邊告了一個小狀，我內心突然有點兒想要放棄，產生了一種消極對抗的心理 —— 我憑什麼要擠地鐵，又憑什麼要拿著一份看似穩定的薪水在北京漂泊著？我最適合做的事情，難道不是穩穩地坐在家裡寫些東西？作家作家不就是坐在家裡嗎？頓時有種想要撂挑子不幹的心理，可轉頭再一想 —— 算了算了，確實是我不夠嚴謹，準備不充分，我的鍋我背。

　　那時的自己，想到的是不是我的理想生活呢？

　　什麼是理想的生活？

　　我沒問過什麼人，但我查了一些網站的網友回答，總結

幾句就是：不用工作，去任何想去的地方，買任何想買的東西，沒有什麼壓力，安安穩穩地做美容、按摩。在我看來，這不過是有錢的生活，或者說這不是我的理想生活。

誠然，好像提到理想生活都離不開物質，但物質包括所有生產、生活數據，而不僅僅是錢。日本有很多這樣的人，他們沒有多少物質需求，可仍然覺得自己的生活很理想。擁有少數的對象，不去刻意追求時尚，日常穿得最多的是「UNIQLO」，三餐基本可以在超商解決 —— 這似乎太寡淡了一些，可能不太符合普通青年對理想生活的想像。

現實生活似乎永遠在和理想生活作對一樣，肯定有不少人寫過對現實生活的不滿，我也一樣。永遠擠不上去的地鐵，擠上去也沒有尊嚴；不需要化妝的日常，公司裡沒幾個想要「引起注意」的對象；漲房租的速度永遠超過漲月薪的速度；「月光族」已經是老詞了，因為我們基本上不到月底就花光了錢；去追求一下所謂的「生活品質」，最後也不過是在家裡放些鮮花，還會忘記換水；去咖啡館隨便買杯什麼，一定要拍照留念，沒有拍照分享的「品質生活」不值得過。現實生活這麼不堪，為什麼沒有大規模的人選擇逃離呢？

還是不太行嘛，不工作怎麼賺錢？不賺錢怎麼去過理想生活？於是我們陷入死循環，真是不好說什麼。

不過……喂，醒醒吧，不是應該認真地去考慮下什麼是屬於自己的理想生活嗎？

不工作就行了嗎？不做點兒事情的人，不是廢物嗎？當廢物這種事情，偶爾為之叫有趣，經常為之可就沒意思了。至於四處旅行、美容、健身，這些都不能稱之為「理想」，只算是獎勵自己的低成本回報罷了，於我而言，或者於大多數人而言，它們是努力就可以實現的，並不遙遠。

而理想生活是即便遙遠，也讓人想要實現的啊。

它是 ——

不被其他因素控制的，完全自我可控的。

自由，是第一要義。對我來說，自由選擇做什麼事情，自由選擇什麼時候做，自由選擇進度，自由選擇截止日期，不被其他外物驅使，才最重要。

工作是要做的，但可以不上班。工作，應該是帶有自我驅動力的，心裡惦記著它，自然而然就會想要去做。被人跟在屁股後面催著的「工作」，通常不予討論。

工作的一切是自我可控的。當然偶爾會失控，就當是和自我控制之間的一個小差錯，可以有，但不可過分。失控的人生還沒過夠嗎？失控的體重、差勁的自我控制力、隨意的拖延……別這樣啦。

得勞動，人還是需要充分勞動後流汗的那一刻。同理可

以參考跑步。我以前最討厭跑步，氣喘吁吁有什麼好？但有幾次我跑步流了非常多的汗，整個人輕盈得像可以飛，那種感覺真的非常舒爽。做事是需要流汗的，這種流汗可以是實際的汗，也可以是精神的「汗」。我想很多人應該體驗過那種用過腦子後，事情變好的感覺吧。不用去聯想工作，小時候解數學題時就是如此。

充分是重要的，充分投入其中，充分運用腦子，充分去追尋真相，收穫得也許不多，但很酣暢淋漓不是嗎？

其實接近理想的生活，我們都有過，只是被忽視了而已。

說實話，僅是我的個人體驗，但你也可以參照自己過去的生活想想看。

夏天，跟愛人在院子裡喝啤酒、看月亮、聊天、打嗝，是其一。很簡單的一件事，要說多少錢、多貴，可能把這些要素聚在一起最貴吧。最圓的月亮，還可以的啤酒，不是很多蚊子的公園，這些很簡單，但是很珍貴。愛人首先得是朋友，能聊天、打嗝到一起。我猜可能會有人說自己是一個人怎麼辦，相信我，一個人也能這麼辦。我一個人的時候經常這麼幹，拿一罐啤酒，少喝一些，微醺朦朧間看看月亮，真美，想罵髒話的美。

一個人的時候聽音樂，在房間裡跳舞。門的重要性展現

出來，如果害羞，就把門關起來，音樂開啟到差不多的音量，開始放鬆自己，跳舞，多難看也沒關係，反正沒人看，把想像力釋放出來，自己就是全舞池最厲害的舞者，其他別想。太理想、太美好了。

真的，理想生活不一定要多有錢，買多少東西，去哪裡玩，那些都無法真的構成一個人。自在、有愛、用心尋找、有耐力去追尋，這些更重要。《千年女優》裡說：「再怎麼說，我真正愛的是追逐他的過程。」知道嗎？你我努力地追逐理想生活，努力的樣子本身就很耀眼了。

希望你不要害怕「喪失過什麼」

今年的我是二十八歲的我，家人嘴裡二十九歲的我，社會意義上需要成家立業的我，而我的身邊仍有不少人是一個人。以前聽說過一個說法，「全身的細胞除了腦細胞，基本六到七年就會更新一遍」，也就是說每過七年，站在鏡子前的自己，既是自己，又不是自己。也有人說這個說法並不真實，我們暫且不管。這算一個有點兒浪漫的說法嗎？算是吧，所以有人用這個說法來解釋「七年之癢」，上一個七年裡的那個「我」還愛你，而下一個七年裡的「我」隨著細胞更換，愛你的細胞都不見了，所以我不愛你了。這樣一聽，不是「我」不愛你，是「我」的新細胞不愛了啊。

而我，站在第四個七年的尾巴，不知道我的細胞明年還會不會愛我現在愛的人，希望它會吧，畢竟溝通和交往需要時間成本，而我不確定是否願意為另一個人也花同樣的心力呢。

村上春樹說：「超過了一定年齡，所謂人生，無非是一個不斷喪失的過程。」

人在過年的時候總喜歡捋一捋：我們現在剩餘什麼？我

們失去了什麼？我們還會擁有什麼？不知道是不是年齡漸長，以為失去了會痛苦、難過、失意的事物，在真正失去的時候似乎也無所謂了。

農曆年待在家裡，似乎是件再正常不過的事情。連續加班的前兩天，讓我順理成章地避開了和許多親戚的「尷聊」。我知道大家肯定會問「男朋友什麼時候來呀」「你們什麼時候結婚呀」這些問題，以前的我會甩臉子、避開不談，現在的我不知道是虛偽了還是覺得沒必要爭執了，居然會一一回應他們。其實大家不是為了交流、溝通，只是為了避免沉默的尷尬。

從前會把過年在家的七天全部安排滿，從上午到下午，赴一個又一個局，馬不停蹄、不知疲倦，心裡默默地告訴自己：「我真是一個受歡迎的人啊，你看大家都喊我玩。」尋求他人的認同和喜歡，似乎是在那個年齡層最重要的事情。

而如今，我已經喪失這種樂趣了，別人喜歡我與否，與我喜歡自己與否相比，還是後者更重要。過年找朋友玩，也不過三個人而已，別人喊著要去參加的局，我也無心去回應了。有一個女朋友，我們在喝下午茶的時候，講起類似的話題，她也只說：「其他人我都不愛主動叫出來玩，也就是你，我主動就我主動吧。」這個對我來說更珍貴，要讓一個從來不主動的人主動，可是無比難得的一件事。而我承蒙這

樣的厚愛，是比被三五個呼么喝六的好友叫著玩還要開心的事。

　　和另外幾個女朋友聊天，才發現大家都在不經意間長大了，開口閉口談的話變成了房價、房貸。我現在竟然不討厭這些事情了，因為我突然發現那些能安身立命、讓自己能在俗世中獲得一點兒安全感的東西，確實很多都跟錢掛了鉤，而背後更多的是關乎個人尊嚴吧。這幾個女朋友，無一例外地在自己工作的城市買了房子，其中大部分還是單身，但在大家的言談舉止中，我覺得她們無所畏懼，雲淡風輕，接受了生活本來的樣子，也敢與其中的風暴對抗。我能想到的是，即使將來她們之中可能有人找不到特別理想的伴侶，但一個人的時候，至少也可以在自己的小房子裡快活地、肆意地做自己。

　　慾望，大概是很多人都繞不過的一道檻兒，人需要被吸引，從而去奮鬥、去實現它。理想、夢想，在很多時候也是一些慾望的更新。我現在還是做不到完全控制自己的慾望，但我可以和它坐下來談談，探討一下它是否合時宜，以及我能不能掌控它。偶爾害怕慾望，是因為它在掌控我們，人類都挺怕被掌控的，所以偶爾會害怕慾望。

　　而長大真的就變成了一趟遺失慾望之旅。小時候想要了很久的百貨公司櫥窗裡的那個娃娃，現在再給我，也不會是

當時的感覺了。前幾年很想要買的鞋子，今年再看，也不過是個過時款式。還是村上春樹說得對，人生就是在不斷地喪失。

　　但我並不會為這種喪失感到失落。不是說真的變成了「可惡的大人」，而是認識到這是再自然不過的事情，是一件一定會變成這樣的事情。如果時間的篩子沒有把一些你本來珍視的人、事、物篩出去的話，如果他們還都留在你的身邊，那你要躲在被子裡偷偷笑好久才對。如果真的篩走了一些人，那就懷著祝福的心，希望他們未來一切都好吧。

　　祝你看清生活的本質之後，還能義無反顧地熱愛它。

快停止你的得過且過

有時會覺得自己正在穿過一條隧道，一直在摸黑往前，前面是什麼不知道，有什麼等著我也不知道，非常幸運地「撿到」一位男士，和我一起摸黑往前，慶幸之餘還有隱約擔憂：啊，這樣的日子有多長呢？

今年不知道為什麼，三月給我的感覺變得複雜了許多。往常我會歌頌春天，我會喜歡得不得了，風變得輕柔，樹木開始發芽，一切都變得有希望的樣子。今年卻突然覺得：啊，真的有點兒疲憊。

「這樣的東西，你過得了自己這關嗎？」

「你覺得做到這個程度就可以了嗎？」

「你真的覺得這樣就 OK 了嗎？」

每次聽到這樣的質疑，心裡就會出現兩個聲音：如果我說是，對面的人會覺得我的能力就到這裡了吧；如果我說不是，對面的人會反駁我說為什麼不拿一個過得了自己這關的東西呢？進退維谷，於是就待在原地一動不動。

可是連自己也在懷疑，從什麼時候開始我變成了一個「得過且過」、口頭禪是「行了行了，差不多得了」的人呢？

　　我記得很小的時候，大概是小學。我的好勝心很強，要每一科都考一百分才可以。有一次一門功課考了九十八分，我哭著跑回家，覺得這件事情簡直不可接受、不可饒恕。雖然仍然是班上的第一名，但還是覺得沒有達到自己的要求，即使是在連爸媽都覺得可以了的情況下。

　　再後來，國中每個月都有月考，前幾名基本是固定的——我和幾個相熟的朋友，不是你在前就是我在前。我曾是第一、第二、前五，慢慢地偶爾也會掉到十幾名，但再怎麼掉，考到縣裡最好的高中還是沒問題的，所以早戀、染髮、去網咖玩遊戲，叛逆的事情一件沒落。

　　那時年紀小嘛，覺得失戀是比成績下滑還要重大的事情。所以高中前的分手，是比中考沒有考進資優班更加令我失落的事情。雖然最後機緣巧合，我們那一屆資優班擴招了，我因此進入其中，但還是覺得戀愛大過這一切。

　　至於高中階段，已然覺得不要下滑太多就好了，比如資優班一共不到五百人，我能考到前兩百，也是完全可以接受的。所以照樣把時間花在體驗青春上，成績嘛，差不多得了。

　　工作這幾年，還是個「職場小白」的時候總有一種感覺，總有一天我能成為某一領域的大拿，終有一天，我會踩著高跟鞋，頭髮絲毫不亂，穿著得體的衣服，左一份合約，右一個電話，手下帶領三五個人，我們合起來可以解決世界上絕大多數的事情。但事實卻並非如此。如果三五年後的自

己能穿越時空，她應該會告訴現在的我：「哈，妳不會的，妳照樣在漂著，照樣在職場裡摸爬滾打，沒有管道和途徑搆到妳想要的一切，即使踮起腳尖。」

啊，是不是在這個時候，我開始產生了「得過且過」的心理，覺得很多事情差不多就可以了？「差不多」漸漸成為我的行事原則，我只要交出六十分的作業就可以，只要交出一個「看著還行」的東西就能過去了。這一切是從我承認了自己真的只是個普通人開始的嗎？

我是個普通人，所以我達不到某個要求是可以被理解的；

我是個普通人，所以我沒錢、欠卡債是可以被允許的；

我是個普通人，所以我做個差不多的內容也是可以的；

…………

諸如此類的想法多了，於是就變成「世上萬事，唯有躺著最舒服」。而「舒服」恰恰是謀殺上進和努力的最大殺手。竟然就開始認輸了嗎？到這裡就放棄了嗎？我可是寫過《只是有人更懇切》《除非你自己放棄》的人啊！如果我提前自己放棄了，豈不是打自己的臉？

我好像就在一瞬間明白了一點點，我把自己的「英雄主義」丟了。

我接受自己是個普通的、平凡的人，是接受自己不是萬能的；

　　我接受自己是個普通的、平凡的人，是接受自己有力所不能及的部分；

　　我接受自己是個普通的、平凡的人，是接受自己平庸和偶爾的懶惰。

　　可是也是同一個我，為了九十八分哭泣的我，為了寫一篇讓自己滿意的文章反覆推敲的我……在不知道的時候，悄悄被我拋在很遠很遠的一邊。

　　「弱者有理」這種想法，不應該是一個年輕人該有的強盜理論，久而久之是真的會變成一個「混子」的，就這樣吧，日子也能過，「我」不是還沒死嗎？

　　是沒有死，但也沒有變得如自己所言的那樣，成為自己想要的樣子。這不應該是我、我們追求的東西。

　　卡繆在《異鄉人》裡有句話：「走得慢，會中暑；走得太快，又要出汗，到了教堂就會著涼。她說得對，進退兩難，出路是沒有的。」人生的確不是一條出路明晰的路，任何一條路都是血路，是闖出來的，千萬不要覺得進退兩難就站著不動。要繼續努力，要認真地對待事物，要好好生活，不是說說而已，是真的要努力試試看的。

　　「快停止你的得過且過吧！」我需要每天對自己說好幾遍。雖然偶爾也覺得不拚命努力也是可以的，但 —— 偶爾就好了。

殺死一個理想主義者

你是一個理想主義者嗎？

先別急著回答是或者不是，先聽我講一個小故事。

我有個高中同學，就叫他阿飛吧。阿飛屬於在人群裡不是很起眼的那種人，成績中等，不是老師會特別關注到的資優生或者壞學生。外表普通，是看過一眼覺得普通，第二眼還是覺得普通的人。就是這樣一個普通的人，最不普通、不同尋常的地方是，他文章寫得很好，很有靈氣，想像力肆意飛馳。他筆下的那些句子，就像上帝握著他的手寫下的一樣。我記得有次我們作文自由訓練，我得了第二，而他是第一。以後每次的作文自由訓練，他都能拿第一。那時我就在想，說不定他以後會成為一個作家。

後來他成為作家了嗎？並沒有。大學畢業後，他在大城市做了新媒體編輯，後來又跑回我們老家開了店，最後店倒閉了，與此同時，女朋友敦促他一定要先買房才可以結婚。他又發動親朋好友，在大家的幫襯下買了房子，又跑回大城市打工。畢業後的頭一年他還會在網上寫一寫文章，但如今他文章也很少寫，成為作家似乎是個遙不可及的夢了。

　　我們極少聊天，前不久的聊天也是因為某個共同的朋友結婚，商議該給多少禮金。我隨口問起了房子的事情，他突然說：「我們別說這種事情了，感覺要是跟你也討論這種事的話，我的最後一點兒理想主義可能就真的死了。」我不知道該怎麼回答他，只好問他：「我該是怎樣的理想主義者呢？」

　　或者，我是什麼時候成為一個理想主義者的？

　　我想起大學畢業前的一些瞬間。因為學校沒有選好，想要透過考研改變一下命運。關於要學習的專業，我從來沒有任何猶豫，堅定地認為自己適合新聞學。因為我覺得自己是個好人，富有正義感。學習新聞學，之後成為一名記者，大概是我最靠近大俠夢的一條路。

　　可我看著那些書，書裡告訴我，我過去了解的東西似乎並不是真的存在，我沒有看到那些我想要看到的東西，於是沒有考好，自然也沒有走這條路。

　　當時的我懷著理想，想去追求真相，即使很多真相都被掩蓋住了。

　　我至今仍然佩服那些勇於揭露真相的記者，他們中有人揭露了某位女明星之死並不簡單，有人揭露了自己國家的民族之恥……他們信仰真相，勇敢堅強，因為我做不到，所以我尊敬那些能做到的人。

大學後的第一份工作，實習沒多久就跟著老大創業了。

老大曾說要帶我們在北京買房買車，帶我們發家致富，只要我們的 APP（應用程式）研發成功。我當時做得非常熱血，一直懷著這個理想。後來融資耗盡，我們仍然沒有多少長進，薪資漸漸發不出來，我還會哄著自己說：「為了大家共同的理想，這點兒小困難算什麼？」直到實實在在存在的問題戳破了這層泡泡，有再大的理想至少也得交得起房租啊，畢竟我得活下去啊！

離開這家公司後，我開始關注更加實際的問題。

薪資、房價、婚姻、家庭……曾經認為很實際、很現實的東西，認為我不太會碰到的東西，如今也漸漸成為我會和朋友討論的話題。

所以這樣的話題也和阿飛聊了，卻也產生了一種懷疑，我還算不算理想主義者？我確實產生了改變，我知道。我慢慢地接受了「不能完全依靠理想活著」這個觀念，我也慢慢地接受了有時自己對物質生活的渴望。我似乎更像一個現實的理想主義者，理想的同時，也沒有完全擺脫現實。

可，它們是對立的嗎？

關心糧食和蔬菜就不是理想主義了嗎？

關心經濟和政治就不是理想主義了嗎？

關心房價和婚姻就不是理想主義了嗎？

不！我覺得我還是個理想主義者，只是同時沒有迴避世俗。

什麼是理想主義者呀？我在網上找到一個說法，覺得很對：「理想主義者就是不會相信生活和世界就是這樣了。不管它是別人眼中的好，還是壞，一定有更好的辦法，也能夠透過合理的方式，緩慢地改善世界。願意為了自己的理想而做些什麼，甚至也願意去犧牲什麼。」

我呀，對單純追逐功名利祿的事情沒什麼興趣，我的理想還是去尋找生活中的愛和自由，像我紋在身上的信條一樣。我的興趣還是在於緩慢地改變世界的一點點，哪怕只是讓世界稍微多一點兒安慰和希望也好。

那你們的理想主義是什麼呢？希望生活不要殺死每一個理想主義者。

我們並不是真的自由

關於自由的討論，近幾年越來越熱。我們聽過的自由不下十餘種，財務自由、穿衣自由、超市自由、言論自由、新聞自由……各種自由講來講去，頗有一種世間萬物皆可破除之感，似乎我們是活在一個多麼不自由的世界裡。

小時候的我，也不知道算早慧還是事多，好像很早就走上了追求自由的道路。我特別害怕「不自由」，不自由的感覺聽起來就像在塑膠袋裡呼吸，總感覺喘不過氣。

我做過很多類似抗爭的事情。三四年級的時候，第一次抗爭是染髮。用偷偷存下來的零花錢，和朋友們湊起來，在那時的美容美髮攤位買了染髮劑，趁爸媽不在家的時候，跟著說明書染髮，染成了一頭黃毛。毫無疑問，當晚肯定遭到了父母的一頓揍，從頭到腳似乎哪裡都不對，被罵慘了，但是心裡不知道為什麼覺得很爽，可能那時體會到的就是自由的滋味吧。返回去看當時的照片，你說那頭髮顏色美嗎？其實並不美。

第二次抗爭是買衣服。看著表妹可以隨著自己的心意，懷裡揣了錢就跑去買自己喜歡的衣服，而我只能在媽媽的拉

拽下，買大人們覺得好看的而我並不覺得時尚的衣服。爭奪買衣服的自由，也是個「慘烈」的過程，我忘記具體是怎樣了，不過當我穿著自己覺得很漂亮、很可愛的衣服時，媽媽稍微說了幾句，也就沒什麼了。那種當家做主的感覺真妙。

第三次抗爭是交男朋友。其實並不完全是為了追求、爭奪自由，而是因為自己確實很喜歡那個男孩，而那個男孩也很喜歡我，那為什麼不在一起呢？我們交往了快一年的時間，雙方父母才在老師的提醒下注意到所謂的「不正常來往」，自然少不了臭罵，但好像暴風雨也並沒有很強。

之後我「爭奪自由」的事情還有很多，比如到南方上學，比如一個人來到北京工作、生活，比如在不覺得自己非常需要婚姻的時候，沒有盲從社會潮流，草草選擇一個人共度餘生。

在成長的路上，我其實並沒有想那麼多，只是冥冥之中那麼做了。想要去追究原因，似乎就是這幾年，很多事情會往回看，會去探求原因、追本溯源，會去理解自己。

後來知道我想要的東西，是愛與自由，我把它們文在身上，同樣也是在爭奪自己身體的自由。但我開始動搖，我是在跟父母爭奪嗎？似乎是，又似乎不是。

如果去問一個年輕人「你覺得自由是什麼」，大部分人可能會說「想幹什麼就幹什麼，不想幹什麼就不幹什麼」、

「想去上班就去上班，不想去上班就不去」、「想熬夜到天明就熬夜到天明，想自然醒就自然醒」。聽起來很夢幻對吧？這種「自由」我曾經有過，但換來的是無盡的恐慌和焦慮。

有那麼一段時間，我離開公司，過了兩個月「自由自在」的生活，起初我心想，我終於可以把上班沒有時間看的書和電影一次性全部補齊，我終於可以想十點起床就十點起床了。可剛過一週就不行了。

我開始深切地焦慮。室友每天到點兒上班、到點兒下班，聽起來很機械、很無聊，但是很安心，不會為第二天不知道幹什麼而茫然。而我，自然醒來後，陽光很好，但我完全不知道要幹什麼。我試過在家裡唱歌、看電影、跳舞、看書，心裡卻總覺得不安定。因為自由，我變得不知所措。今天看到一句話：「完全的自由意味著無限的可能性，也意味著無限的不確定性和開放性。」我現在懂了，我當時就是這種感覺。

我，或者更多的年輕人，會覺得自由是想幹什麼就幹什麼，是不想幹什麼就不幹什麼，但其實這中間的一個很深的誤解是：這種「自由」只包含了權利，卻沒有相應的責任和義務；只包含了「我要享受的」，卻沒有包含「我要付出的」。這是不完全的自由。

弗洛姆有一本書叫《逃避自由》（*Escape from Free-*

dom），提到人們有時為了迴避承擔自己人生的責任，會主動把自由上繳給一種更大的力量，由這種更大的力量來主宰自己的命運。但其實冥冥之中，許多抱怨自己被控制的人，也確實配合著交出了自己的自由，自己其實無法成為自己的主人。

再回頭想我那一系列的抗爭過程，其實我都是試圖將自己的命運交還給自己，想要做自己的主人。

把「自由」輸入搜尋框，會發現它涉及的專業學科極其廣泛，心理學、社會學、法律、政治，不一而足都在講「自由」。其中一個觀點，或者說觸動我的觀點是，二十世紀下半葉從以賽亞・伯林開始用來劃分「自由」的兩種概念：「消極自由」（negative liberty）和「積極自由」（positive liberty）（更加詳細的內容可以自行查閱一下）。

消極自由即沒有受到別人的干涉或沒有受到人為的束縛。根據此定義，X 享有做 Y 的自由，當沒有人干涉「X 做Y」這一行為時。

伯林認為：「『自由』這個詞的積極意義來自個人希望能夠做自己的主人。」

根據上述的說明，積極自由的重點在於「能夠做自己的主人」。人要從束縛中解脫，才能獲得真正最高程度的自由，而這種解脫也是最難的。恰恰我們都在尋找這種解脫。

　　這其中涉及的第一步是自知，知道自己是什麼樣的人，想要什麼樣的生活。背後的支撐是要有完整的價值觀。

　　我們想要做到自知的話，不妨多問自己一些問題：是尋求安穩還是尋求變化？是覺得物質給的安全感更高還是精神給的安全感更高？是喜歡默默地做幕後還是閃亮地站在臺前？成就感是來自職場內還是職場外？……多問一些類似的問題，盡可能地了解自己。

　　再進一步，讀書、音樂、電影、旅行，這些都是在幫助我們完善自己的價值觀。

　　說白了就是一點：要怎麼做自己的主人，怎麼實現自洽？我們需要先解決自己內部系統的混亂、混沌，才能在外部紛亂的、變化多端的情境裡做出反應。我今天在談的自由是一種有所保留的自由，即對自己的自知，在了解自己的需求、感受後，從內心指導自己做出選擇、做出反應、做出決策。

　　薩特說：「人是生而要受自由之苦。自由是選擇的自由，這種自由實質上是一種不『自由』，因為人無法逃避選擇的宿命。」

　　我們自由嗎？其實我們並不是真的自由，我們也並不是真的不自由。

沒有人是不自卑的

　　沒有人是不自卑的。你要記住這一點，並且相信我。

　　你現在可能剛進入大學校門，就驚奇地發現怎麼周圍的女生都那麼漂亮，反觀自己普通到不行；不知道要加入什麼社團或者學生組織，覺得自己很多事情都不在行；從小縣城到大城市很害怕，自卑到無法融入光鮮亮麗的大城市；為什麼公司同事看起來都很擅長工作的樣子，而自己好像沒有辦法獨立掌控任何事情……這樣自卑的時刻，誰都有的，真的。

　　我曾經覺得自卑這塊小石子，是被很多人放進口袋，默默藏起來，企圖有一天扔掉它，不讓它成為負擔的。但現實情況（也是令我驚訝的地方）是，很多人還是時不時地感受到它帶來的隱痛，並時時刻刻想要變得自信，變得不再自卑。

　　我還經常被別人認為是自信的人，我在人群裡不忌諱自己的行為，聽到美好的音樂就要跳起舞來，這種激動不受控制。可我也曾是自卑人群中的一員，或者說一直在某些地方，有個小小的自卑的我存在著。

　　在漫長的少女時代，我深受身高的困擾。隔壁班的同學耳聞我名字的時候，都會評論一句「那個矮個子」或者「個

子最矮的那個」。我有很多女生朋友都是跟我差不多高的，也有比我個子高很多的，走在一起時我會有意無意地跟她們保持一點距離。拍集體照時是我最恐懼的時刻，因為總會被老師說：「欸，妳個子矮，妳站在最前面吧。」如果不是現在回憶起來，我多少有點忘記了還有過這樣的時刻。

　　情況好轉或者說我漸漸不在意，是在到廣東上大學之後。學校裡嬌小的女孩子比例稍微高一些，所以我在其中也不再突兀，於是漸漸地這一點也被我遺忘了。但偶爾還是在喜歡的男生口中聽到這樣的話：「如果妳個子高一點兒，我一定毫不猶豫地選擇妳。」對不起，還是不必了，如果他接受不了這樣的我，我個子高一點兒的時候，他還會有其他無法接受我的理由，他永遠不會毫不猶豫地選擇我。所以，我放棄喜歡他了。

　　我也有那種看起來很完美的朋友，她們是個子高、身材好、皮膚白皙的美人，是走在人群中會被多看幾眼的存在。這樣的她們，也免不了在私底下交流的時候，講出存在於她們身上各式各樣的自卑來。

　　其實仔細思考一下，我們的這些自卑更多是因為自己與社會或者與他人的標準不一致，每當這時，我們想到的首先是「責怪自己」：為什麼我不是個子高的人？為什麼我不是工作能力一流的人？為什麼我學習這麼差？為什麼我家裡條

件這麼一般？為什麼我沒有辦法買名貴的包包？……我們責怪自己的同時，有沒有想過，萬一那個標準是錯的，那我們是不是在用一個並不正確的標準難為自己呢？

有個「理想的我」站在一個高高的地方看著我們，它會讓我們時刻覺得「真實的我」和「理想的我」是有落差的，所以我們就總會想著去追那個「理想的我」。

從這一點來說，自卑似乎變成了一個有益的點，它教我們走向更好的自己。於是我們學會了化妝、穿搭，實在覺得外貌不過關，整容也是可以的，割雙眼皮手術現在已經變得比以前安全許多了。我們還會學習各種知識，有可能是怎麼與人溝通，有可能是怎麼提高情商、財商，我們似乎成了一個比「真實的我」更好一點的人。

可是還是會在自拍的時候，首先發現「我的手臂怎麼那麼肥啊」、「小腿上的肌肉也太明顯了吧」，很少去發現其實那張照片裡，我們真的笑得很好看、很自然，我們呈現出來的狀態真的很積極，也許是受到那天好天氣的影響，整個人看起來也是輕鬆、舒服的。

我們還是會不滿足，覺得一定可以更好，手臂要再瘦一點，小腿也要再細一點。「不滿足」就是人類的天性，因為總有一個標準在那裡，那個就是「理想的我」。我們很努力，但是還是有距離。所以自卑是怎麼都不會消失的，它還

是一顆石子，而且有時候會越來越大。

　　何必呢？我們怎麼樣才能讓「自卑」不再拖累我們呢？我想到一個辦法──做一個真正的「我」，一個包含了缺點和優點、長處和短處的自己。這個人一定是有瑕疵的，一定是有什麼地方有缺口的，但一定是真實且可愛的人。她拍照的時候臉會有一些肥肥的，但是放肆的、可以感染到別人的、快樂的笑──只存在在她的臉上。她穿裙子的時候有副乳，可是大可以上街看一看，誰又是沒有副乳的呢？我們又不是模特，幹嘛一定要要求自己一直美麗？

　　要好好看看自己是誰，有什麼地方是好過很多人的。不要懷疑，肯定有那麼一些的。比如我，梨形身材，個子還矮，皮膚也不夠白，但是我發現我文章寫得還不錯，聲音也是好聽的，和我相處的人都會感覺到舒服、自然、不需要拘束自己，那我就是一個很棒的人啊。

　　可能會有人講了：「我找了一遍，還是沒有發現。」那還是你找得不夠徹底，你即使這裡不行那兒不行，那你掃地行不行？能把地掃乾淨，也是功德一件啊，我就辦不到。所以返回去重新找，肯定有的。

　　當然也會有人看到真實的自己的時候，發現原來自己只是個「肥宅」，開開心心在家裡看電視、吃洋芋片、喝可樂，就很快樂，很符合自己的心意。那這種墮落放縱會不會

越來越多呢？可是，萬一哪一天他就猛然間從床上坐起來，覺得自己不能這樣了呢？萬一哪一天他因為愛上一個人，去選擇做另一個自己了呢？這都是有可能發生的呀，所以不要太擔心，我們不會立刻變得更好，但我們也不會急速變差。

我們來世間一遭，不知道會不會有下一輩子，且將這一輩子過好嘛。這個「好」可不是一定要達到理想，而是真實的、可愛的、自然的我們的一輩子。感受自己的生命，因為沒有範本，每個人都有自己獨特的地方，這個世界才會變得千姿百態。千姿百態多好哇，我們就可以看到生活充滿了可能性和變動性，那些自卑的石子還是會被放進口袋，也不用刻意去扔，它還是需要以合適的大小存放在我們的口袋裡，我們還是需要適度自卑來促使自己適度前進的，只是它不再會是那個沉甸甸的存在了。

從前有一隻醜小鴨，到哪裡都被其他鴨子笑話，因為牠實在太醜了。牠走啊走啊，受盡了苦難。有一天牠走進天鵝群裡，大家都對牠很好，牠照了照湖水，發現自己也變成了美麗的天鵝。

這是一個夢，並不一定每一隻醜小鴨都能變成白天鵝，但誰能說醜小鴨不能找到自己自信的地方、不能獲得快樂？牠們不是在下雨天玩鬧的時候最開心嗎？那時誰還去管牠好不好看哪！

我們女孩有力量

這不是為了慶祝「三七女生節」或者三八婦女節所寫的，時機剛剛好，我想要談一談我們女孩。

我現在主要做行銷類的工作，自然免不了要針對各種節日做一些行銷方案。各種節日，統一口徑的祝福和祈願，即使幾家的行銷主題類似，也不是大錯。但唯獨三八婦女節這種節日，一旦分寸掌握不好，就容易「翻車」。因為各種品牌、各種產品都在告訴我們「女孩妳要這樣」「女人妳本這樣」……現實似乎與這些口號大相逕庭。這種事情很奇怪，不是嗎？消費主義一面叫我們這樣那樣，一面好像也並不是這樣那樣地對待我們吧。

等等，我先收拾一下情緒，我不是要引戰，也不是要激發女孩心裡的不平，我想平靜地說一下我的想法而已。

以前，我在別人口中算是個「女漢子」，不知道誰先開始這麼叫的，現在想起來其實這個詞好詭異，我不過就是性格直爽、活潑了一些，行事風格不拘小節了一些，在他人看來這些都不是女孩子的特徵，而是男孩子的，妳具有了，所以妳是「女漢子」。這個邏輯是不對的，沒有哪種特徵是肯

定只有男生或者女生才具有的。

　　說回來。我想先說說做女孩的體驗。

　　我記得第一次來月經時，我媽悄悄告訴我爸：「女兒成人了。」原來來月經就是成人啊，背後到底是什麼意思呢？當時我還不懂。只記得要墊厚厚的衛生棉在底褲上，夏天賊悶熱，但是還不得不墊，那種感覺真的不爽。我想起曾經有個朋友，很久不聯繫了，她的爸爸是個「暴君」，有一次忘記是因為什麼事情觸怒了她的爸爸，他便懲罰她不許出家門，懲罰的期間剛好她來月經了，她爸爸也不管，於是經血流了一床。當時聽到她這樣講的時候，我只覺得羞愧，可能當時的腦子裡還覺得「大姨媽」是件有點兒「丟人」的事情，而她流了一床，豈不是更「丟臉」？我可真是愚蠢又幼稚。

　　因為男孩子氣的性格，第一次喜歡男生的時候會想要隱藏起真實的自己，學著別的女生的樣子，或者說是學著社會普遍意識中的女生的樣子來做自己。我學著稍微收斂一些，控制自己不要那麼大聲說笑，在喜歡的人面前露怯，暗示他我多麼柔弱，可是沒有用，最後他也沒有喜歡我，而我還憋屈得難受。在暗戀這件事情上，沒人做得比我長久，可是我的演技太拙劣了，總會被人識破。但是識破後還沒有下一步的，基本就說明對方對我並沒有感覺。

　　後來我才知道，我本來的樣子也曾經在別人的生命裡閃耀過、發光過，雖然是長大後才意識到的事情，但好在還不算太晚。

　　在做女孩這件事情上，我慶幸小時候沒有受到來自家人的「重男輕女」的傷害，該有的教育、該有的待遇一點兒沒少。可是就在剛剛，我想起來其實是有的，那是有一次過年和家人聊天時，聊到父母萬一不在了，家庭財產要怎麼分配的話題。我本來以為肯定是一人一半，那我就帥氣地把大部分都給哥哥好了，我只要小小一部分就可以了。沒想到的是，父母，特別是父親，預想給我的就是小小的一部分，而不是公平的一人一半。這種感覺很不好，並不是源於財產多少，而是我在你心裡竟然只能得到這一小部分的愛嗎？

　　我之前想提綱的時候，沒有具體想我的全部經歷，但現在大致想了一遍，發覺原來我也是受過傷害的。

　　再小一點的時候，可能是幼兒園時期。有一次哥哥和朋友帶著我玩兒，哥哥可能不想帶著我，於是領著我出門後就拜託他的一個朋友陪我玩兒，他當時應該是十二三歲。他帶我去我家附近小學的操場，那是個非常熱的夏天上午，我們找個陰涼處坐下，模糊的記憶中，他讓我摸他的下體，他也摸了我的身體。持續的時間不長，他說回家不要跟別人講哦，這是我們的祕密。傻乎乎的我只覺得我也是個有祕密的

人了，根本想不到這件事情其實就是我們現在常常聽到的性侵犯。

後來我慢慢成長，慢慢變成現在的樣子。我的變化，源於去南方讀了大學，又不服輸地來了北京闖蕩。這中間是大量的書，大量的電影、旅行，與新鮮的人群碰撞，不怕受傷害……有偶然性也有必然性，是我不太能一兩句說清楚，也不能完全被踐行的行動指南。

但，目前的我，是我喜歡並且適應的狀態：不掩藏自己的性格，我就是這樣，有好的地方也有不好的地方，我們必須真實，才能建立信任；坦率地去愛人，也被人愛著；每天都有學習的心態，為自己爭取各種可能性。

這個社會對女孩有著各式各樣的傷害，其實不是專門針對女孩，而是針對每個人。我不是女權主義者，不會特別激進地去抨擊什麼。我是個平權主義者，我希望無論男女，我們都能享有做人的權利。

寫到這裡，我又有一些小小的想法，拿出來權作參考：

第一，我們一定要不斷地學習，多讀書，培養獨立思考的能力，多出門，增長見識。學習不單單是在學校裡，自主地、有意識地去獲取自己想要的訊息，才算真正的學習。獨立思考的能力，自不必說，這意味著沒有任何人可以將你的思想裹挾；增長見識，也不必多言，看到的東西越多，我們

的局限就越少。

第二，性不可恥，「大姨媽」不可恥，可以和姐妹們聊男友，可以穿著性感，也可以在買衛生棉的時候坦坦蕩蕩地裝到包裡 —— 即使是男店員拿給妳的。

第三，我們自己不能有 body shame（身體羞恥），高矮胖瘦各有所長，世界不是只有一個女孩的模板。

第四，要勇敢，要成為自己，我們真的不用成為誰，只要成為那個真實的自己就好了。

最後，廣闊天地，大有所為，我們女孩有的是力量。

不就是縱身一躍入山海嗎？

　　我們所說的安全感是怎麼一回事兒？說實話，我想跟你說的是，我也不是很知道。

　　前不久我辭職了，我在要講出「辭職」兩個字之前心煩意亂，我知道我最終肯定是要辭職的，但我要怎麼講這件事兒？怎麼坦然地面對辭職之後的心態變動？怎麼在心理面獲得安全感？……這些是我沒有底的。而且我還非常天真地幻想，如果我的老闆極力挽留我，且我這個人耳根子又軟，我該怎麼拒絕他的挽留，怎麼倔強地辭職呢？

　　於是我把講出「辭職」這兩字的那一天不斷延後，我總感覺我能在這個時間段想明白我還在疑惑的問題，直到我拖不下去了，深呼一口氣，真誠深情地講出辭職的決定。沒多久老闆回覆我了，我看到有微信訊息的時候，心裡便開始打鼓，「咚咚」「咚咚」，心跳聲大到我自己都嚇到，雖然離職過很多次了，但再次面對，我依舊無法淡定。

　　你猜老闆怎麼回覆我？大致意思是：好，我准了，妳接下來什麼打算？

　　啊？這麼輕鬆愉快地就通過我的離職申請嗎？不再給我

點累積更多安全感的時間嗎？

可是現實情況是，沒有這樣的時間給你，你必須自己去找你的安全感了。

我們對生活有很多擔心，擔心自己辭職後沒有收入也沒有積蓄，會不會餓死，擔心自己會不會找不到工作 —— 特別是在今年這種情況下，擔心自己馬上邁入三十大關，似乎人生也沒有突飛猛進的發展。我和周圍那些俗世意義中「成功」的朋友似乎差得有點兒遠，我想現在的我暫時是沒有辦法年入百萬了，但我至少可以一年寫幾萬的字。這些擔心一直縈繞在我的心頭。

前幾年我也不是沒有過裸辭的經歷，或者更確切地說，前幾年更慘烈一些，屬於被辭退。兜裡真的就沒有多少錢，我印象中大概是兩千多一點，因為在新公司沒工作多久就被辭退了，還剛剛交了房租，好在當時我和很好的朋友住在一個房間，我在最後撐不下去的時候，還能問朋友借點錢。

但我那個時候都沒有太擔心活不下去，對未來雖然焦慮，但仍然充滿希望，人生一定不會斷了我的路的。

嘿，可是現在的我怎麼就這樣了呢？對比最慘的時候，我有了一點兒積蓄，可以允許自己任性一段時間；我也有飛黃騰達的朋友了，可以跟他們借錢的額度提高了；我也有親密愛人了，至少他可以幫忙我。但這些依舊沒有給我非常強

烈的安全感。

　　生存缺乏安全感其實就是對未來生活的不確定引起的不安，這個我很清楚。

　　我知道未來如果我想去工作的話，我不可能找不到，但我對自己接下來要做什麼事不是很肯定。我很想找到一件可以讓我堅持很久，甚至一輩子的事情。我現在唯一堅持了很久的事情就是持續地寫和不斷地錄製。但我不確定這兩件事情能給我帶來安身立命的本錢，至少現在不能。可能也是我內心的膽怯，不太敢豁出去就一門心思撲在這兩件事情上搞一搞。

　　我現在的心態很像要跳傘之前，雖然我還沒有跳過傘，但我知道未來我一定會去的。跳傘之前，我看那些人不都是會在飛機上閉著眼睛做心理建設嗎？不就是跳傘嗎？不是還有教練一起嗎？都有那麼多人跳過了，我肯定也不會出意外的，況且跳傘一次好貴的，我不跳，多不划算！

　　對，我現在就處於這樣的狀態，在心裡反覆列出來缺乏安全感的對應措施，但安全感還是沒有多一點兒。我究竟怕什麼呢？偶爾我也想抽耳光問問自己。

　　我沒有欠款，房租剛交，兜裡還有可以支撐自己出去玩兒幾個月的錢，不多，一兩萬塊。我最怕的是沒錢嗎？似乎不全是。

　　我唯一怕的就是找不到努力的方向，就是我握好了拳頭

準備揮舞起來，但卻打在虛無的空氣中，使不上力，這樣的感覺讓我非常不爽。

所以我的不安全感可能源於我不知道方向，又怕做了錯誤的選擇，怕未來的自己失望和後悔吧。

我的一個好朋友，也就是我說的「飛黃騰達」的朋友，自主創業幾年了，已經實現年入百萬的小願望，前幾天我們在幾個人的群聊裡聊他是怎麼做到的，他突然說了一句：「妳本該是這幾個人裡第一個實現這個小願望的人。」

啊，好扎心，事事最怕「本該如此」。但我知道我出於怎樣的想法做出了現在的選擇，所以也不需要再去深究。

那我親愛的自己啊，妳怎麼現在就開始害怕未來肯定會做這種「本該如此」的後悔事呢？是不是在自我打臉？我這裡想說，是的，我在自我打臉。

我的不安全感來自自我預設，預設了自己沒有好的結果，於是越想越氣餒，越想越覺得沒有安全感。但真的有很多事是沒有發生的，且發生了也不一定就是按自己所預想的那樣發生。那我又在不安個什麼勁兒？這不又會被人視為矯情和想太多嗎？

人真是奇怪的動物，總在這樣的兩級裡來回搖擺，一會兒我好了，一會兒我又不行了，一會兒又好了，一會兒又不行了。

　　寫到這裡，我仍舊沒有給自己的不安全感開解很多，但也不準備做更多開解了，也不準備把鑰匙交給時間，去信奉「時間會給你答案」這一套。只是至少給自己打打氣啊，不就是縱身一躍入山海嗎？往前試探一下總是不會太壞的。

北京，我們暫時分手

我總是藏在一個叫「少女綠妖」的名字背後來書寫我的現狀和念頭。這是一種安全的做法，因為大可以把所有責任都推給「少女綠妖」。寫作的人偶爾是個膽小鬼，只敢躲藏起來，偷偷講一些真心話。那麼這次，我想跟「少女綠妖」暫時分開一下，讓她來問我一些問題吧。

少：說說吧，妳最近有什麼新的打算？

我：哈，直接上結論是嗎？我和K最近打算先搬離北京，像候鳥一樣搬去昆明過冬，等想到下一個要去的城市或者找到自己要做什麼的時候再做打算，給自己的期限是到明年年後吧，哪怕到時再找工作呢！

少：那又是什麼樣的原因讓妳想要離開北京呢？

我：也不知道是不是卡在一個坎兒，就是當你駐紮在這個城市六年有餘，好像獲得了這個城市的通行證，但是再去仔細研究論證，卻發現獲得這個資格的背後需要掏空兩個家庭的積蓄，也會賭上未來的不自由，就會讓人卡在這裡，進也不是，退也不是。這是非常現實的一個方面。

而另一個方面則是我發現如果我繼續留下來的話，我的

未來不過是對過去的不斷重複，就是一種「內捲化」，如果得不到昇華或是停滯不前。這個方面也讓我很迷惘，是該繼續還是該做出一些改變呢？所以我覺得要暫停一下。

少：那又為什麼是昆明？是因為喜歡昆明嗎？

我：又是非常機緣巧合和現實的原因，K 在昆明有一套房子，租客和我們差不多時間到期，那邊的生活成本相對而言比較低，在我們沒有任何固定收入之前，這樣的一個選擇相對比較從容。

說實話，我對昆明沒有到喜歡得不行的程度，如果離開北京，我想去的地方是類似上海這樣的城市，但這個時機確實是不合適的，所以就先暫定昆明。

少：離開北京，妳的內心有沒有過波濤洶湧的時候呢？

我：這樣吧，還是讓我們合併在一起吧，我想好好說一下這部分了。

要離開北京，我的內心像海水掀起狂浪，千絲萬縷的念頭如小螃蟹抓住了我，我一直在想通和想不通之間來回切換，一瞬間好像想通了，對我最重要的是我愛的和愛我的人，我們共同營造一份想要的生活，一份愜意的、不用過分緊張的、有產出的生活，那離開北京是勢必會發生的事情；一瞬間似乎又想不通了，別人都沒有離開北京，為什麼我要離開？我是不是還可以救一下，是不是還有機會呢？

　　我的腦袋裡每天都有兩個小人兒在拉扯：其中一個充滿了不甘，充滿了未能達成世俗意義的「成功」的遺憾；另一個又理性地勸服它，告訴它看似「機會眾多」，可是那些機會是真的屬於你的嗎？

　　《窮查理寶典》（*Poor Charlie's Almanack*）裡，芒格總結了二十五個心理學現象，其中有一個讓我沉默了很久，是「被剝奪超級反應傾向」，意思是，如果有個人即將得到某樣他非常渴望的東西，而這樣東西卻在最後一刻飛走了，那麼他的反應就會像已經擁有了這件東西很久卻突然被奪走一樣。我要離開北京，心裡的那些千迴百轉，很重要的一個心理可能就是這個。我似乎馬上就要擁有北京了，一要離開，就像北京被人奪走了一樣。但我們戳破各種幻象來看現實──我們，或者說我，從來沒有真正擁有過北京。

　　我想到王小帥導演在《薄薄的故鄉》裡寫到他對北京的感覺：「你來到這裡，你知道你是一個外鄉客，所以你努力地討好它，讓它知道你的到來，讓它接受你，可是有時候它就像眼前的這個景色，它在那裡，無所謂你的討好，自顧自地彰顯著它大城市的莊嚴和淡定。」

　　可能這就是我們很多人的感覺吧。有些微的悲傷，但也無須過分悲傷。

　　我不知道我對北京真正的熱愛有多少，我記得的全是一

個個片段。不長不短的六年時光裡，在北京的日子是由一個個記憶中的片段構成的，有時候想一想，短暫又漫長的人生應該也是由這樣或那樣的片段構成的。人的一生整體而言是痛苦的，但就是那些記憶中的吉光片羽才讓人生顯得沒那麼難過。

我記得第一次來北京，心情忐忑地坐在公車上，仔細聽著北京阿姨報站，北京話真好聽啊！

我記得我花了八百塊找仲介租的房子，僅僅為了找一個住的地方，我的腳底磨起了水泡，發在社群媒體的時候頗有一種英雄氣概。那間房子很小，只能擺放開一張一公尺的單人床和一張小桌子，是早年拆遷社區頂層複式設計的樓梯隔間。現在回想起來，我可真勇猛，這麼差勁的條件，當年竟然甘之如飴。早上六七點起床還要再自學一個小時日語，然後坐一個半小時的公車到地鐵去上班。但我很懷念那個一無所有、心無雜念的自己，想給她一個擁抱。

住在這個房間的第一晚發現門鎖是壞的，馬桶是堵的，洗手間還沒有燈，我那時還沒有學會報喜不報憂，給爸媽打了電話。結果第二天一家人開車來京「救」我，爸爸給房間門上了鎖，媽媽帶了一大罐自己剝的核桃，哥哥和姪女也來了，我忘記他們是怎麼說那個房間的了，只記得之後幾天我們一家人玩得還算開心，這就足夠了。

我記得我在那間房間裡過的第一個生日，因為當時一個人吃不完一整個蛋糕，就簡單買了點喜歡的小吃，類似涼皮、涼麵那種，在小賣部買了打火機和蠟燭，回到家裡把燈關掉，點起蠟燭，象徵性地給自己過了一個生日。

搬離那裡之後，晚上不太想早早回家一個人待著，就會在一個十字路口買一個小哥的鐵板燒當晚飯，然後跟遠在廣東的朋友視訊聊天，我們雖然都沒有說感覺很慘的話，但大家低頭沉默不語和尷尬笑了笑之後掩飾的神情，我就知道每個人都過得沒那麼好。

但也不都是悲傷的記憶。雖然苦了點兒，但是每週末我都會告訴自己「妳要去探索這個城市」「去找和這個城市的親密連線點」，於是我跑了很多有趣的書店、博物館、美術館，偶爾也會報名參加一些活動，適當讓自己不要閒下來，不要想那麼多。

那時候我和初來北京時在青旅認識的一個男同學小王關係不錯，這些探索我們都是一起的，但之後在各自的工作中忙碌起來，這樣的機會越來越少，我們的關係也越來越淡，直到後來，好像就在人群裡走散了，但偶爾看他朋友圈的狀態，他過得還不錯，這就夠了。

第一、第二年，我就是在這樣窮困潦倒，同時也充滿了驚喜的日子裡度過。

我將那些孤單的日子一字一句寫了出來，剖開自己的內心，讓陌生人來觀看，寫了一本《萬一我們一輩子單身》，有的人覺得是「雞湯」，我一度很委屈，覺得自己像《封神榜》裡的比干，我都把自己的心剖出來給你們看了，我的誠意擺在眼前了，卻還被認為是略顯粗鄙的「雞湯文」。不過之後我也想通了一些，東西擺在那裡，別人如何評論那便是別人的事情了，看不到我的真心也沒關係，一定會有人看到的。

第三、第四年，我換了幾份工作，薪資待遇有了明顯的提升，對北京漸漸生出一種當家做主的心態。

我不再將這個地方當作異鄉，每次從外面回來，講起北京都是「回北京」，這裡似乎變成了我的地盤。

我體驗了新的東西，跳舞、通宵玩鬧、買醉、出國旅行、滑雪、周邊小鎮度假……我也被各種媒體吹捧的那種生活方式矇蔽了眼睛，買了一大堆化妝品，買了一大堆衣服，希望自己也能成為都市麗人中的一員，每天買幾十塊錢的咖啡，從之前只是週末的調劑到每日必需。

我曾在大望路附近上班，當我看向那些奢侈品的時候，我知道那時候除了口袋緊張，眼神裡應該多了一點渴望吧。但同時也是無盡的空虛。

不能說是錯誤百出的兩年，我只是摘取了一些片段出來

咀嚼一下。不得不說，生命體驗得到了極大的拓展，也對這座城市更加熟悉，有了各式各樣的朋友，似乎有了更大的生存權利，單純的痛苦少了很多，滋味變得複雜起來。

我敢說我在這個城市有了一席之地嗎？當時是有這樣的感覺，包括現在也會這樣覺得，但是這一席之地一定無法支撐我留在北京。

之後的我漸漸覺得哪裡不太對，原來是我的信用卡已經債臺高築了，幸好沒有越積越多，不然怕是會被折磨死吧。在京三四年，沒有過多的積蓄，反而欠債了，這可如何是好？

好在，我收穫了一位極其優秀的另一半，我們不僅僅是靈魂共振的知己，也是互相幫助的隊友，跟著他的腳步，我開始審視我的消費行為，及時止損，設定容易實現的還錢計畫，花了一年多的時間終於把窟窿眼兒堵住了，最近一年都無債一身輕，壓力會減輕很多。所以年輕人，千萬不要被消費主義、慾念迷住眼睛，千萬要量力而行。

沒錯，現在即將離開北京了，我發現我最大的收穫是K。好在我沒有放棄，沒有在他轉頭想要追逐其他幸福的時候也向反方向走；好在我只是想要做個付出的「傻子」，不過多計較付出後的回報，才讓我的愛更純粹一些。我知道收穫愛情是一件非常湊巧和偶然的事件，所以我無比慶幸 ——

幸好我收穫了。兩個人一起對抗生活的各種痛苦，確實比一個人要輕鬆一些，至少其中一個頂不住了，另一個還能再支撐一會兒。

我們在西藏遊玩的時候，跟著當地的藏民一起轉山，在半山腰偶遇了一位老先生，便閒聊起來。我們聊到幸福，聊到兩個人如何相處，他說了兩句話是值得我再寫一些東西的。他說：「兩個人在一起就要彼此解決對方的痛苦，這樣才能長久」、「我們的痛苦其實都是需要得不多，但想要得太多了」。聽到這些的時候，被那種虔誠的氣氛圍繞，我不知道為什麼就流下了眼淚。

我想這是離開和出行的意義，只不過想要找到一個幸福的方式。我們目前的方式是兩個人互相支撐著對方，暫時換個地方生活。

見過一些被迫離開的人，大多數孤身一人來，再孤身一人走。還有些已經結婚生子的夫婦，孩子無法在京讀書，不得不返回老家，離開奮鬥了很多年的北京；也見過一些留下來的人，留下來的過程可謂扒了不少層皮，現在呢？有的每月被房貸拖著，不能不上班；有的孩子上學，進不了公立學校，就花鉅額學費讀私立，生活苦不堪言。我不敢說哪種更幸福或更不幸，每一種情況都有其獨特的原因，選自己能接受的、舒服的就好了。

　　幾天前，我不知不覺流了一晚上眼淚，也不是非常難過，也不是非常心酸，但眼淚就是一直不斷，我也不知道原因，像和戀人分手的前夜，已經知道結局如何了，但還是忍不住哭泣。

　　這幾天一點點地賣出一些帶不走的物件，看著住了四年的房間一點點地變空，我好像知道這是個不可逆轉的過程了，住了四年的房間啊，得裝著我多少失眠、歡笑和眼淚啊。

　　我昨晚讀了一篇木心的文章：「哀愁是什麼呢，要是知道哀愁是什麼，就不哀愁了——生活是什麼呢，生活是這樣的，有些事情還沒有做，一定要做的……另有些事做了，沒有做好。明天不散步了。」明天不寫文章了，現在先這樣吧。

我對生活有些不太成熟的想法

嘿，你是小張或者小李？你好。今天我們來聊聊生活的模樣吧。

你可能剛剛二十五歲，或者連二十五歲都沒有；你可能身處在一個看起來很精采的環境，做著一份很精采的工作；你可能在時尚圈或者娛樂圈，抑或影視圈或其他什麼圈。圈是一個奇怪的東西，圈就是個圍城。錢書早就說過了，「婚姻是一座圍城，城外的人想進去，城裡的人想出來」，當然我這裡指的不是婚姻，是我們看到的生活的很多個方面。

在這樣一個年紀，你對生活的模樣做的注解，可能是在外的自由，需要靠近各種厲害的人，是見識更廣闊的世界，是在大城市裡奮進、沒命地打拚，並為此放棄一部分生活，那部分生活可能是春天去賞花，夏天去海邊，秋天看看楓葉紅了的樣子，冬天躲在溫暖的房間裡看窗外的雪又下了幾尺厚。因為你明確地知道你需要更多的見識，所以你捨棄了這些。同時你可能覺得不跑出去見識厲害的人、廣闊的機會，生活立刻會走向平庸，走向人生既定的道路 —— 老婆孩子熱炕頭，一直到死去。這就是你眼裡的、你不太想要選擇的

「穩定安逸」的生活吧。

我承認這一部分沒有錯，王小波還說：「那一天我二十一歲，在我一生的黃金時代。我有好多奢望。我想愛，想吃，還想在一瞬間變成天上半明半暗的雲。」非常非常美，對不對？我也一直這樣奢望著，我可不想過什麼「安逸生活」，我想要激烈的生活、**轟轟**烈烈的愛，最好還有用不完的錢。

但你知道王小波接著又說了什麼嗎？「後來我才知道，生活就是個緩慢受錘的過程，人一天天老下去，奢望也一天天消失，最後變得像挨了錘的牛一樣。可是我過二十一歲生日時沒有預見到這一點。我覺得自己會永遠生猛下去，什麼也錘不了我。」可能王小波想通的時間早一些，他將這個前後變化的年齡界定在二十一歲，而我是最近兩年才這麼覺得的。倒不是覺得「生活是個緩慢受錘的過程」，但我也切實覺得「奢望一天天消失」，因為人越是過得久，越會發現有很多事情都蒙著一層美麗的假象，讓人們去幻想、去追、去奢望，可實際的真相冷冽得可怕 —— 需要敲開它的美麗假象才能看得到。

所以我現在撥開了幾層假象，我覺得我需要生活，而不是虛妄的自由、奮進、打拚，同時生活的含量在降低。我知道這樣可能會讓更年輕的人覺得「她沒救了，她要逃離了，

她即將迎來穩定安逸的人生，她的孩子馬上要參加大考，她要開始慌張地選擇孩子應該去哪所大學，並且準備去跳廣場舞了」。

但我轉身就想要反駁，想要吶喊，我想說的是：「生活的模樣千變萬化，我們只窺見其中一二，尚未看到它的全貌就對它品頭論足，這不行。」

我現在也沒有看到生活的全貌，但我已經知道，年輕的時候，我如你一般對生活的模樣有那樣的理解，其實多少存在一些偏差和疑惑。那些自由是真實的嗎？不全是，遠離了家人的關注目光，看似自由了一些，但背後的真相可能是你正在打拚的城市並不真的在乎你，它不會管你來自哪座縣城，既然不在乎，那就讓你自由。那些厲害的人，廣闊的行業前景，都和自己發生關係了嗎？捫心自問不全是吧？當然這裡允許反駁，能接觸到一些厲害的人，似乎自己也會變得厲害，但於我而言，我更想成為那個厲害的人本身，而不是她身邊的某位工作人員。你喜歡璀璨奪目、光怪陸離、精采紛呈的外部世界，這個更沒有問題，因為在這樣的年紀，大家都喜歡，我也不例外。只是我漸漸知道了，精采紛呈不會一直持續，人是需要向內走、向內看的。這樣才算是真的自由吧。

其實也不要狹隘地去理解所謂的「穩定安逸」，我相信

人各有志，我相信一定有人喜歡這樣的生活。我的朋友中就不乏這樣的人，她們可能是老師、公務員、全職媽媽，可是我看她們依然在過自己想要的生活 —— 努力地撫養孩子，和另一半和睦相處。我知道她們對生活肯定有不滿，也許會羨慕我們還可以在外打拚，享受這種奢侈的自由。但真的換作她們，會選擇放棄安逸和穩定，去換一間價效比不高的出租屋，和一個內捲化嚴重的「勞工」身分嗎？

這樣也沒什麼不好，只不過這不是你我想要的而已。而我與北京暫時分手，也不是要立刻走入這樣的生活。我只是覺得在這裡生活得差不多了，人生肯定還有不同的生活方式，肯定還有不同的風景、不同的朋友等待與我相遇，肯定還有其他可能性。

我不想再垂頭喪氣地坐在地鐵上，看著別人也是一樣的垂頭喪氣，不想回家就躺在沙發上，把刷手機當作唯一的休閒娛樂。

我不想把本應該享受的生活，當成對辛勤工作的「背叛」，好像別人都在兢兢業業，而只有自己在賞花賞月，像個異類。

我也不想每天無病呻吟，為社會創造沒用的精神垃圾。我想去經歷，我想我的人生真的開出花兒來。

不要做一個懶人，不要害怕去戳破生活的假象，也不

要害怕去面對真正的生活，不要為了慣性而活著，不要不進步。

羅素早就說過，「參差多型乃幸福本源」。參差多型的，才叫生活，它不能只是簡單地追逐同樣的璀璨，穿同樣的牌子，實現同一種價值，用同一種方式生活。每個人都一樣，哪兒還有趣味可言呢？

允許有的人去追逐那些璀璨，就允許有的人去守住一畝薄田；允許有的人愛好、志向與大多數人不同，就允許有的人是那些大多數；允許有的人想要多生幾個，就允許有的人一個都不想要……這些都沒什麼問題，每一種選擇自有它的樂趣在，無礙我們，就隨它去吧。

每個人都說要活得更像自己，那就不要被俗世干擾，不要由其他人來告訴你生活應該要怎麼樣，而是讓自己去指導自己的生活。

蔡瀾在書裡寫道：「暫居在這世上短短數十年，凡事不應太過執，眼見愈來愈混亂的社會，要是沒有些做人的基本原則，更不知如何活下去。」而那些做人的基本原則，也是需要我們在生活中慢慢體悟、慢慢整理的，可是前提不得是去生活嗎？

不得是春天的時候去賞花，帶著父母，看他們露出孩子般的微笑嗎？

不得是夏天的時候去海邊，扔掉衣服，跳進海裡游泳、吐泡泡，但是一定注意安全嗎？

不得是秋天的時候看楓葉紅了，想起某一年也和什麼人一起看過，而你們雖已不再聯繫，但感動常在嗎？

不得是冬天的時候看窗外下著雪，手裡握著暖水袋，腳丫子凍得冰涼，卻伸向另一個人，把他凍得一激靈嗎？

當然這些也只不過是我覺得生活該有的模樣，你一定可以持保留意見，但只希望我們在各自的生活裡過得愉快。

放棄比較，快樂無邊

　　離別前總要見見至親好友，「朋友」這重身分是極其特別的，相處時間久了就有家人的那種滋味，不怕得罪對方，敢在他們面前開懷大笑、使壞耍賤。有人說，朋友是自己選擇的家人，仔細咀嚼一下，發現還真是這個味兒。

　　昨晚我就跑到小 Z 家，算是離京前的最後一次相聚。小 Z 問我要吃什麼，考慮到難易程度，我選擇了火鍋，跟他解釋說做菜太麻煩了。結果小 Z 輕鬆地回應：「不麻煩，家裡有阿姨，叫阿姨做就好了。」在螢幕這邊的我一陣愣，小 Z 的生活已經發生這麼翻天覆地的變化了嗎？

　　小 Z 是我一來北京就認識的朋友，我應該提過很多次，我們以前像兩個傻瓜，在我的印象中，他會在街上唱南京李姓市民的歌，動情處還會眼眶發紅；我的感情受挫了，就會找小 Z，最難過的一次我向他尋求擁抱，在他肩膀上痛哭流涕，可能鼻涕也流在他的肩膀上了，我們也全然不顧；我們在外面喝醉了，就直接回我家裡睡覺，我和室友睡一起，他睡在我房間，第二天我的房間汗味沖天，他的臭襪子扔在地上，我嘴裡嚷嚷著他真是不講衛生，可是心裡一點兒都不介

意。這是我的「親生朋友」啊，還有什麼比這樣毫無芥蒂、親密無間地相處更讓人舒心的嗎？

後來，我們多少有些距離了，這個距離是自然而然形成的，我有了男朋友，他也有了女朋友，雖然我們仍然會約著一起出去玩兒，但像往常那樣的放肆極少了。更大的距離可能是，他跟著前公司的老闆創業，獲得了小小的成功，而我只是一個小頭頭兒而已。這種事業上的差距，偶爾也會讓我覺得我們真是越來越不同。

差距最直接的展現是，他租的房越來越大，昨晚我們去的那個房子都算是一個豪宅了，上下兩層的複式，有鋼琴，有滿牆的書。他現在有了阿姨，照顧他和女友的起居日常，洗衣、做飯、打掃環境。他的女友也在創業，不到一年的時間，月均收入早已超過以前上班時期。

這些差距是非常明顯的。我偶爾會心癢癢，同樣是人，為什麼我沒有過上這樣所謂的「中產生活」呢？

比較令人痛苦的事情是，每每想起我與小 Z 的這些差距，我都會感受到自己是世俗之見裡的「失敗」或者「趕不上趟兒」—— 同樣是來北京奮鬥的外來者，同樣朝九晚五地去工作，同樣的起步點，朋友起飛了，而我不過是剛上了一小級臺階就選擇要換個臺階。與那些生來就銜著金鑰匙的人相比，意義不大，畢竟那樣的差距是一出生就有的，最令

人痛苦的是，和自己差不多起點、差不多開頭的人，明明大家一開始都一樣啊，怎麼現在就有這麼大的不同了呢？這種感覺特別差勁兒，讓我充滿了挫敗感，我像龜兔賽跑裡的小烏龜，看到歡快的兔子跑到前面，而我還在慢慢爬，那什麼時候是個頭呢？

我當然希望我的朋友們都幸福，當然希望他們幸福的同時不要忘記還有我這樣的一個朋友，我偶爾會酸，但我也會甜甜地祝福他們。所以請不要誤會我在講朋友的壞話，我只是想要治療一下自己「偶爾愛比較」這個毛病。

但我其實知道治療的方子是什麼，那就是：放棄比較。

在西藏遊玩的時候，我們遇到的藏族同胞幾乎都信仰佛教，他們每天會花費大量的時間來誦經、轉經筒、轉寺轉山，衣服破了也無所謂，轉渴了就喝水，看到城市裡來的那些衣著光鮮亮麗的人也不投去豔羨的目光。我想，他們沒有太多的比較心吧。因為沒有比較心，所以他們看起來非常祥和、圓滿、自得其樂。

看到他們的時候，我第一眼會詫異，第二眼會敬佩，第三眼會憧憬，什麼時候自己也能有這樣的境界，放棄和他人的比較，放棄無謂的競爭，讓自己快樂無邊呢？什麼時候自己可以安心地做一隻慢慢爬行的小烏龜，不把目光投身在兔子身上，牠跑牠的，我就慢慢爬也不會差到哪裡去，什麼時

候能做到呢？這真是一個問題。

　　比較是個無情的小偷，它會把光明的事物偷走，把不光明的事物留給我們。它會偷走我們的自信，只留下自卑給我們，明明減肥成功，但比較還是讓我們把眼睛投向那些更瘦的、身材更好的女孩身上，世界雖然不能都圍著漂亮女孩轉，但比較令人難過的一點就是，不知道為什麼，我們就是忍不住去和那些女孩比較，然後自信沒了，覺得身體哪兒都有問題。它還會偷走我們的勇氣，為什麼另一個同事的方案屢屢通過，自己的方案卻總顯得沒有創意，我們有沒有勇氣做優秀的那一個？比來比去，勇氣沒了，因為我們永遠做不成別人。它還會偷走友善，我們在心裡做比較的那個人真是討厭，為什麼會有他的存在，讓自己這麼痛苦呢？但別忘了，這樣的痛苦都是自己帶給自己的，如果放棄比較，把眼睛看向自己，就不會成為比較的奴隸，讓其中酸楚折磨著我們。

　　它如此無休止，因為周圍比我們好的人太多了，我們比完這個，還能再找到下一個可以比較的人，但這樣真的太難受了啊。

　　這背後隱含的其實是一個人無休止的慾望，我們在西藏碰到的大叔說得好：「人們其實需要的不多，但想要的很多，痛苦油然而生。」我們比較來比較去，無非是因為心裡

的慾望無休止地告訴我們，還可以更多，還可以更好。

但這樣就更痛苦了。

如果我一直觀看我的朋友，小 Z 算一個，我還有別的朋友在北京買了房子，還有別的朋友考上了我心儀大學的博士，還有別的朋友遷居英國⋯⋯這樣看下去眼睛是會累死的，心也會被折磨死。

放棄比較，生活就會快樂無數倍。然而放棄比較不是心安理得地無所作為，而是將注意力集中在自己身上，只關心自己有沒有變得更好、跑得更遠就夠了。如果想要變得更瘦，只看自己有沒有堅持跑五公里、堅持吃健康的食物；如果想要變得更有學識，只看自己有沒有認真讀書，有沒有培養自己的獨立思考能力⋯⋯諸如此類，把更多的注意力放在自我成長上，而不是與人無意義的比較。當然，我提倡適當地比較，這會提供一些奮進的動力，我反對的是無意義的比較。

如此一來，真正的快樂才會給自己的生活供給能量。所以特別奉勸我自己：放棄比較，快樂無邊。比較是無休無止的，既然做不成那個跑得快的兔子，就做爬得緩慢的小烏龜，總有能爬到終點的那一刻。

建議凡事還是看開點兒

不知道你有沒有聽過這樣一個故事，我怎麼想也想不起來，最後終於查到是來自輝姑娘的一篇文章：

故事的開頭是一個女生非常普通的一天，早上起床發現家裡停電了，於是不能盥洗，無法熱牛奶，草草打扮就出門，心情指數掉一格；走進電梯，與鄰居的小狗熱情相擁，但白色的裙子印上牠黑色的爪印；開車被交警查，原來今天限號；到公司開會，老闆正在宣布人事調動，自己的職位被另一個不學無術的人頂替；午餐時分，接到重要客戶的電話，對方取消她負責的、金額最大的訂單，也就意味著她的年終獎泡湯；接到另一個電話，她的媽媽告訴她姥姥住院了，病情非常危急；暗戀對象也發來訊息說自己很快要結婚了……一切聽起來都是那麼糟糕，她下班，走在路上，計程車拒載，穿著高跟鞋的腳疼到不行……

如果只看這一連串，她這一天簡直糟糕透頂，換作一個心理承受能力差的人，有可能會做出什麼過激行為。生活的不快就是被這些或大或小的、討厭的事情堆積起來，形成一座沉重的山，壓得人喘不過氣。

　　可故事還沒有結束。有個好心人看到她，聽說她就住在附近社區，便載著她一起回家；取消訂單的客戶打來電話，聽說她在公司的遭遇，邀請她來這邊的公司試試，早就想要挖她了；那個暗戀對象就等在她家門口，說要和她求婚；早上遛狗的女鄰居聽到她回來，告訴她今天這裡的電閘壞掉了，已經叫老公幫忙修好了；而那個向她求婚的暗戀對象，決定陪她回老家看望姥姥。

　　故事這樣才真正結束了。本來看起來糟糕的事情，每一件都足以讓成年人瞬間崩潰，可是很多事情走到最後，也許結果又是另一個面貌。那麼，建議大家凡事往好處想，凡事看開點兒。

　　我怎麼想起這個故事的呢？還是要說回我離開北京這件事。我對離開北京後的生活產生了非常多不好的設想，包括但不限於「沒有錢」。我有非常多的擔心，在新的地方沒有朋友，如果孤獨寂寞又不是很想要和另一半在一起，該怎麼辦呢？如果我嘗試努力融入新的地方，但是發現還是不喜歡它怎麼辦呢？如果這裡並沒有我想要發展的事業，激發不了我的靈感，我從此變成一個不再寫字、不再敏感的人怎麼辦？

　　這一堆悲觀的念頭像蒼蠅一樣圍著我轉，我把它們趕跑了，它們就再跑回來纏著我，煩得要命。

　　表面上，我似乎是個「樂天派」──現在講「樂天派」不知道是不是個過期的玩笑，但人們還是喜歡被這樣評論，有一種天塌下來也不怕的感覺，比較酷。而我呢，一直是個愛笑也愛逗人笑的人，我常幻想自己變身成一朵向日葵，先從陽光那裡繼承了它的光與熱，然後我再笑給大家看，讓大家也能染上陽光，驅散陰霾。

　　但我內裡不知道算不算悲觀主義者，想事情會先想壞處，因為我總感覺這樣去思考問題的話，日後但凡發生了好一點的事情，都會成為比原先想像中好無數倍的事情，一點點的開心也會被放大無數倍。寫到這裡，好奇心驅使我去查一下到底什麼是「悲觀主義」，免得給自己戴上一個自己都不知道顏色的帽子。在百度裡，「悲觀主義泛指對宇宙、社會、人生悲觀失望的態度、觀點和理論」、「認為世界變幻無常，人注定要遭受苦難，因而陷入悲觀絕望，甚至生不如死⋯⋯」我的老天爺，看得我怵目驚心，下一秒如果不從十八樓跳下去是不是都對不起「悲觀主義」？這麼看來我不能算是悲觀主義了，我頂多就是「看世界帶著悲觀」。

　　雖說整體而言是帶著悲觀的眼神來凝望世界，但生活不能總是「冷冷清清，悽悽慘慘戚戚」，如果這樣，是個人都要逃跑的，怎麼奢望別人留在自己身邊呢？也許這是我表面樂觀的一層考慮，希望用光和熱來吸引人家待在我的身邊。

　　所以我老告誡自己，別老把事情想得那麼壞，一定有其他的好是可以發掘出來的。好了，我現在要換到一個樂觀主義者去思考「離開北京」這件事情了。

　　未來要去的城市一定那麼差嗎？不是的，世界上那麼多人，難道只有北京這一個城市？其他城市的人難道就不活了？都擠到北京，難道其他城市要變成空城嗎？想想都不可能嘛。

　　未來要從事的行業是只有在北京才能滿足的嗎？當然也不是。我曾經非常想要從事傳媒或者廣告行業，最終我從事的更多的是偏向廣告的行業，可要說終身去做的工作，也不是非廣告不可，我更可能是自己創業。在網際網路這麼發達的時代，如非必要，也不一定非要駐紮在北京不可。

　　未來自己的生活一定更壞嗎？那就更不是了。我不會允許自己變得失控、墮落，內在的自我驅動力就促使著我，得讓自己越來越好。至於怎樣算越來越好，至少不是焦慮不安，踩在虛空的棉花糖雲彩裡，離真正的生活兩萬五千里。

　　「任何人只要誠實地看看生命，就可以發現我們經常生活在懸疑而模糊的狀態中。」誠如《西藏生死書》裡看到的這樣一句話，我只是不想要自己的狀態變得模糊和混亂而已，所以我才會擔心做出的選擇是否正確，會讓自己暫時地陷入混亂之中。

　　所以凡事往好處想，凡事看開點兒，並不單單是為困境開脫，而是不論往不往好處想，生活都是一團狗屎，我們總不能踩著它過去，總得想點辦法繞開或者剷除它吧，這樣才不至於讓自己總是陷入痛苦之中。

　　我超級佩服我的一個朋友 X，她永遠有能力把事情想開點兒。前不久，她愛人打籃球習慣性脫臼了，可能因為脫臼的次數有點多，需要在醫院待幾天，而她還需要備考當地的國中語文老師，複習正在緊要關頭，因為這是她主動辭職後少有的、看起來不錯的機會。如果是我陷入這樣的混亂當中，我可能哪一樣都做不好，可是她樂呵呵的，既照顧了愛人又應付了考試，雖然結果是她並不是超人，沒有辦法同時做好兩件事，考試的結果差了一點點。但她一掃悲觀的情緒，興高采烈地告訴我：「我只和第一名差了一點點哦，可能她運氣比我好，但我把他照顧得很好，所以考砸了也沒什麼。而且別看他受傷了，剛剛好陪我的時間多了很多，不然他老要出差，我一個月都見不到他幾次。」

　　如果問她，妳怎麼這麼想得開呢，她肯定會說：「想不開還能怎麼辦呢？日子不總得往前嗎？」

　　總有人有這樣的能力，能把那些悲觀的、備感壓力的「壞事情」攬進懷裡，再把它們翻個面兒，轉換成樂觀的、可能有解決方法的「好事情」，再扔回給生活。而我，也想

要讓自己在這方面做得更好。

　　當然你一定聽過一個更古老的故事，在我們每個人的語文課本裡：「有個老人，名叫塞翁。有一天他走失了一匹馬，鄰居都跟著著急，可是塞翁卻不急，還勸慰鄰居，說不定這是個有福氣的事情，結果那匹丟失的馬兒帶回另一匹良駒……」其實講到故事的開頭，沒有人會不知道這是「塞翁失馬」的故事。

　　壞事也不一定全然是壞事，而看得開的人一定能看到其中好的部分。我們看似丟失了一匹馬，但怎麼知道下一秒它不會帶著更大的好消息給我們呢？

　　生活中就沒有容易和簡單的事情，凡事還是要千萬看開一些呀，我的朋友。

Chapter 2

說到底，人骨子裡還是感情動物

愛情這玩意兒，真俗！

正因為我們在劫難逃，萬物顯得更美好了。

—— 荷馬《荷馬史詩·伊里亞德》

我有個男朋友 K，關注我的朋友應該都知道的。

我們二〇一四年年底認識，二〇一五年深交，二〇一六年曖昧，二〇一七年下半年才算真正在一起，直到現在。很多朋友問我們緣從何起，聽到我可以一直追溯到這麼久以前，以及我一直用自己的方式默默靠近他、守候他，大家都嗟嘆：「嗯，妳真是一個有毅力的人。」

你說世上怎麼會有這麼奇妙的事情，彼此都不是彼此的理想型，卻能在一起融合得這麼好？「在一起」這三個字像有魔力，我們在一起後，就把各自之前的那套「理想型標準」都拋棄了，因為現在要在一起的人才最重要。

在我的意識裡，我們的關係是多重的 —— 朋友、哥們兒、親人、情人、未來的伴侶、未來孩子的父母。

朋友的身分使我們價值觀趨同，可以求同存異，和而不

同，我知道他極不喜歡我每次網購都問他「好看嗎」、「我買這件怎麼樣」，他覺得我是被消費主義衝昏了頭，但他仍然尊重我按自己的意願購物的權利；哥們兒的關係，讓我們可以玩到一起，每個週末我們都會湊一個下午去運動，一起打棒球或一起游泳，以前我是個怕水的人，五歲學游泳，至二十七歲前都沒學會，現在居然也可以暢遊幾圈；親人的關係教我們彼此照顧，我們是異姓的家人（雖然還沒結婚呢），他知道如果他罹難，我會陪著他一起度過，如果是我罹難，他應該跑得比誰都快（哈哈當然是個玩笑話）；他是我最珍視的情人，深深吸引著我的注意，我在地鐵裡觀察過他，明明平平無奇的一個人，究竟是怎樣的魔力……

　　我在一篇文章《萬一我們一輩子單身》裡，描述過一種我理想的愛情狀態：「我崇尚一種自然舒適的情侶關係，兩個人膩在一起的時候就柔柔蜜蜜地相愛，做盡情侶間該做的事情，牽手、擁抱、親吻，用力地相愛，平靜地生活。不膩在一起的時候，就守在各自擁有的空間裡，做自己的事情，閱讀、健身、增長見識、會親訪友。」木心說：「最好的生活狀態是冷冷清清的風風火火。」我覺得愛情的狀態也應該如此，冷冷清清地保持自己的孤獨，遠離喧囂；風風火火地堅持對事物的熱情，追求所愛。

　　而我們也真的努力達成這個狀態。我覺得我們越來越像

兩條河流，找到了同一個入海口，匯到一起，而後交融，一起奔到大海裡。這是很高興的一件事。

以前總有陌生的朋友私訊我，他們敘述自己在情感中的種種困境，悲傷溢於言表，隔著螢幕好像都可以聽到他們心裡的哭聲。他們總在詢問我：什麼樣的關係是好的關係？什麼樣的感情是好的感情？

我回答他們的時候，也是在回答自己。在我這裡，我覺得好的感情是：在彼此的眼裡，我們都在做最好的自己。其實在一起的要義，最最重要的，是兩個人都能在關係中活成最好的自己，若非如此，那就要考慮這段關係是否值得繼續了。

我不敢說我們這樣的關係就是好的關係，只能說我們正以一切向好的方向在前進。

我們像兩個孩子，在彼此面前放下防備，放鬆地做自己。我永遠像小 S 一樣瘋玩瘋鬧，說些沒頭沒腦的話，毛手毛腳，像毛頭小子，失意和沮喪的時刻都留給了 K。有一次，忘記是什麼事情，我被惹惱了，當然原因也不單單是 K，當時工作上也有些困難，各種事情積在一起，越哭越傷心。K 則取笑我，把我的醜樣子拍下來，三百六十度各個角度絕不遺漏，哭到最後我就沒勁兒了，與 K 一起看剛剛哭鼻子的我有多醜。K 在這種時候，更像是大地一般托著我，

讓我不至於因為離心力太強被甩出去。K 充當的角色除了是我的大地以外，更多的是一個愛講笑話、呆呆傻傻、自戀十足、賤兮兮的男朋友，總會講些沒頭沒腦的笑話，而我總能被逗得喘不過氣。

我想起有個小故事：「一對新婚夫婦在結婚現場，主持人問男方：『是在什麼瞬間讓你下決心要娶眼前這個女生？』男方回答說：『某一次聚會，我講了一個笑話，全場只有她一個人笑了，那一刻就下定決心一定要娶到她。』主持人再問：『就這麼簡單？』『對，就這麼簡單。』」其實選擇一個人有時真的就這麼簡單，那天他身上的香皂味兒，那次他幫忙推了一下行李箱，這背後都藏著一個道理：我們發射出的獨特訊息，只有那個人接收到，於是，就是他了。

愛情這玩意兒，真俗！它讓那麼多神仙瞬間落入凡塵，寫些甜膩膩的話來取悅愛人。王小波那麼靈氣逼人的一個人，都會說「你真可愛，讓人愛得要命」，徐志摩這麼個大詩人，都敗給愛情，用各種「酸酸」的落款給陸小曼寫情書。愛情又是多麼美好的事情，讓人日思夜想，奮不顧身。

廖一梅寫過：「有了愛，可以幫助你戰勝生命中的種種虛妄，以最長的觸角伸向世界，伸向你自己不曾發現的內部，開啟所有平時麻木的感官，超越積年累月的倦怠，剝掉一層層世俗的老繭，把自己最柔軟的部分暴露在外。因為太

柔軟了，痛楚必然會隨之而來，但沒有了與世界、與人最直接的感受，我們活著是為了什麼？」

　　我們活著是為了什麼？不是理性、電腦和其他各種物質條件，而是感性、情愫、面對面交流。

　　呸，愛情這玩意兒，真俗！害我寫了一篇情情愛愛的文章，但也樂得高興，畢竟以後回憶起來，這些都可以為我做證。就像《荷馬史詩‧伊里亞德》裡講的：「正因為我們在劫難逃，萬物顯得更美好了。」

在一起就是要和你吃很多很多飯

　　前幾天我看到一句話，出自約翰·歐文的小說《獨居的一年》：「當你找到愛的時候，也就找到了自己。」有好多人為了找自己，大費周章，千迴百轉也還是找不到，大概都是因為沒有找到愛吧。而找到愛的過程，又是如此艱辛，以致很多人就此放棄或妥協。這的確是一件無力的事情。

　　上週去找前同事吃飯聊天，我們三四個人圍坐在火鍋桌前，女人嘛，湊桌吃飯不是聊購物就是聊感情了，購物也無非是那幾樣，感情自是重頭戲。朋友之一說感覺我現在不像一年前那麼毛躁，變得更平和、更舒服、更安定，認為是因為關係經營得還不錯的原因。我也深以為意，吞下一口飯的時候在考慮他有沒有吃飯、吃的是什麼呢，操心一如對方的老母親。

　　想起《憂傷的時候到廚房去》裡面說：「廚房是母親的乳房，是愛人的雙手，是宇宙的中心。」在遠不是愛人的時候，討厭廚房的我，已經因為對方在廚房忙著給自己做飯的場景而產生深切的依戀。自此覺得做飯、吃飯 —— 人生中再普通不過的事情，變得有些不同了。講實話，他一直不知道

　　為什麼我會因為做飯這件小事就愛得深切，以至於在之後的兩三年中，我遭受再多不公正的待遇，都覺得可以過去，並相信一切難過的事情都可以過去──可能是因為愛得更加深刻了吧。

　　最近他去新公司上班，下班的時間比我晚，晚上就需要角色對換，我來做飯，掐著他回家的點，讓他剛好到家能吃上一口熱飯。有天晚上，我只是做了兩個素菜，做完時他剛好到家。我邊吃邊講，好像終於明白為什麼我會因為做飯這件小事就愛得那麼深了。於我而言，是因為這其中的安全感，知道家裡有人等候，知道自己不會一個人吃冷飯，知道無論到哪兒都有牽掛，而這份安定能讓自己更自由地生活。很多人怕處在關係中會受到牽制，大概是缺安全感吧。但安全感這個東西，你要信就有，不信就沒有。

　　我喜歡的歌裡唱道：「我最喜歡和你一起發生的，是最平淡、最簡單的日常。面對面看著彼此咀嚼食物，是最平靜、最安心的時光。」生活裡哪有那麼多驚濤駭浪，要過得跌宕起伏、狗血連天的機率，大概是萬分之一。所以那些細微之處，才最讓人動心。很多人回憶從前的時候，都會想起和舊情人的那些生活小事嘛。

　　田馥甄在歌裡唱：「怎麼能放心地燙平誰平凡的襯衫。」但是我願意啊，我願意安安靜靜地做這些小事，一遍一遍。

　　有次我想做可樂雞翅，結果沒做熟不說，還能滲出血，自己做的東西最後一口沒吃，但他都吃完了，還說我這樣做的雞肉很嫩，只是下次要是做熟的話，口感可能更好。我一邊覺得歉疚，一邊下定決心下次要好好做。以前討厭做飯的人，現在想要鑽進廚房，為對方稍微用一點點心地準備晚餐。只是因為對方對我有期待，而我不願意讓對方的期待落空罷了。

　　在一起就是要和你吃很多很多飯，吃不被手機打擾的飯，甘心吃你不愛吃的飯，吃到兩個人都胖了還能嘻嘻哈哈地打趣對方的胖。

　　之前想過以後要找什麼樣的人一起生活，給自己預設了很多答案，帥的、有趣的、審美高級的、能逗我笑的、讓我生活無憂的……條件有很多，但最後發現答案其實很簡單。

　　如果有人再問我要找個什麼樣的人一起生活，我會這樣告訴他：「找一個這樣的人，你願意安心坐下來和他一起吃飯，不用透過玩手機掩飾尷尬，不用擔心你們之間短暫的靜默，安心地看著對方慢慢吃完就覺得時光足夠美好，就夠了。」其他的附加值不過是讓這個人在你心裡的分量更加重而已。我們怎麼成長，就是要在跌跌撞撞的人間，找個人共同進步罷了。

　　你知道，日常生活並不高明，但也並非誰都追得到的，既然追得到，就好好坐下來吃頓飯吧。

先找自己再找愛

　　我對愛曾有一個認知，就是愛一定要猛烈、激動，要有時刻為之獻身的覺悟，當你靠近愛的時候，你不是一個普通人，你是一個戰士 —— 為了愛披荊斬棘的戰士。無論這個想法對或錯，我都默默地堅持了很多年。

　　初戀那個男孩，是我極力爭取來的，我暗戀了他不止兩年，這中間為了追求他，做過一些激烈的事。為了引起他的注意，站在他的桌子上踩他的作業，回憶起來，可能是因為他當時和別的女生過於親密，而我不知道該怎麼告訴他我很著急，只好採取極端且不討喜的方式，果然被討厭了整整一年，彼此斷了聯繫。至於後來在一起，那又是另一個故事了。而最後分開，他的理由有二：一是不想拖我後腿，二是我變了。

　　大學暗戀的男生，只跟我說我很好，我如果再好一點，就可以和他在一起了。他喜歡怎樣的女生，我就試著去做一個怎樣的女生，聽話的、溫順的、看起來無害的，都跟真實的我自己有點兒差別，但我努力照做，就是想要靠近他的理想型。我想要追去他在的國家陪他讀書，想著這樣我們就可以在一起了

吧，可是最後陰差陽錯或者說命中注定的，沒有。

　　漫長的青春裡，暗戀占了大半的時間。喜歡過的男孩子都知道我喜歡他們，可總也沒有回應。有回應的僅兩個，先後成了我的第一、第二任男朋友，自此再沒暗戀成功過。

　　當時的我，並不知道問題所在。

　　工作一年後，我認識了K。K溫柔、有才華、待人和善，沒有意外的，我又愛上了他，於是開始了長達三四年的暗戀明戀大作戰。我們剛認識的時候，我剛學會畫眉毛，每個女生都經歷過這個時期，眉毛畫得像蠟筆小新，但慢慢地，會產生出身為女性的一種自信。

　　之後我換了兩份工作，都在傳媒行業摸爬滾打，周圍的女生都太漂亮了，自卑沒有意義，只有一件事情有意義，就是讓自己也跟著漂亮起來。於是我開始了漫長的學習化妝、穿搭的旅程。

　　那段時間，我現在想來算是一個找自己的過程。我在錯誤的穿衣風格中慢慢了解自己，了解自己的身體，了解自己的喜好。比如我喜歡日系穿搭，但無奈我的身材屬於微胖肉感型，穿不出那種骨感、清冷的感覺，所以每每嘗試必是災難。最後發現我適合酷一點兒又帶點兒風情的風格，於是這麼做，效果果然好些。

　　當我更熟知自己之後，也有助於讓別人認識我。我在K

的身邊變得越來越自信，雖然一直都是我暗戀他，但他對我的欣賞也是溢於言表。

我算是個不太計較細節、比較自由灑脫的人，那我就不再掩飾自己，不再裝得乖巧可人，不再明明不會撒嬌還非要撒嬌。彷彿自己變得真實、自信之後，身邊的人會被這種能量吸引。當我找到自己的同時，愛也會找上門來。

有句話雖然說的人很多，但確實有可借鑑之處，那就是「你若盛開，清風自來」。先找到自己，再找愛，真正的次序應該是這樣。這和很多人講的「人要先自己愛自己，別人才會來愛你」是一個道理。

獨立、自在、隨性、勇敢，然後被愛。

好多人做著不真實的自己，把自己套在不合身的衣服裡，追著所謂潮流卻不考慮是否適合自己，留著統一的髮型，把自己與眾不同的一面藏起來。既然連自己都沒有找到，那愛就更難了。

再回到最初的那個問題，我對愛的認知，是在「愛要轟轟烈烈，還是平平淡淡」這個問題中選了前者，但經歷了好一番波折，我現在要修改一下我的答案 —— 現在的我期許的是平平淡淡的愛，而這個答案是在我找到自己後得到的。

所以如果你還覺得自己找不到愛，需要再多想一個原因：你是不是還沒找到自己？要先找自己再找愛。

我愛你翻身抱我的瞬間

昨晚，我做噩夢，夢裡兩個壞人分別包抄我和 K，我跑掉了，K 卻沒有，之後便傳來 K 已被撕票的訊息，悲從中來，在睡夢中不可抑制地大哭起來。K 被我「哼哼唧唧」的聲音吵醒，睡意矇矓間問我「是做噩夢了嗎」，然後順手把我摟進懷裡。就這樣，悲傷的情緒一下就消失了，在他的懷裡繼續安睡。

吃早飯的時候和他講昨晚的噩夢，他笑我傻。

我很久沒有秀恩愛了，不是因為沒有恩愛可秀，而是因為說多了怕被討厭，畢竟一說起來就會停不下來。這幾天我反覆跟 K 說些甜膩的話：「在一起這麼久，還是覺得好喜歡你啊」、「我怎麼覺得你比之前更重要了」；或者在電梯間抱著他，一直講「好喜歡你啊」。換作以前，我會比較隱晦地表達，但是現在沒必要了，愛是遮不住的事情，身體可能不能隨時隨地在一起，但心會緊緊貼住對方，一秒鐘也分不開。

上週末我出門辦事情，好像是交往這麼久以來第一次在沒有 K 的陪同下出遠門。按說我一個新時代獨立女性，以往

出遠門都是自己計劃行程，出行、住宿、餐飲也都能自己安排妥當，可這次少了他，卻什麼都做不好了——首先是容易迷路；其次是吃東西總是隨便應付，偶爾還會餓肚子；處理事情也非常毛躁，總是出岔子。出現問題的時候，我第一想到的就是：啊，要是他在就好了！有一次急哭了，在馬路上抹眼淚，給他打電話，聽見他的聲音，瞬間心情就好了很多。因為這種「一直有人在我身邊」的感覺，真的很好。

我從來沒覺得自己是個習慣依賴別人的人。但是就在這些瞬間意識到，原來我早就把依賴他當成了習慣。

我總是聽到有人這麼問：「在你心裡什麼是最好的愛情？」我不知道，我的心裡沒有標準，但我覺得我和 K 的感情可以算是目前經歷過最好的。

詩人骨頭架寫過一首很美的詩：「我是個俗氣至頂的人，甚至不能體會香菜和臭豆腐的美味。我見山是山，見海是海，見石頭縫裡開出了花，也只會說一句『哦，花開了』。唯獨見了你，雲海開始翻湧，江潮開始澎湃，昆蟲的小觸鬚撓著全世界的癢。你無須開口，我和清風通通奔向你。」這首詩很能代表我的心情。在我和 K 的相處裡，最重要的就是為對方不講求回報地付出。我覺得愛是一份禮物，有人喜歡你的禮物，有人則會禮貌拒絕你的禮物。我將我的禮物捧給 K 的時候，他是有遲疑的，直到他發現這份禮物是

我不求回報地愛著他，他也就會好好珍惜了。

我們極少吵架，但有時拌嘴。拌嘴的時候，我經常輸，然後就賭氣躺在床上，他總會晾我一會兒，過一會兒才過來笑嘻嘻地哄我。我呢，其實在他晾著我的那一小會兒裡，氣基本都消了，自然不會再和他吵架 —— 大概我們都不捨得讓對方因為自己的過失而難過。

他做飯很好吃，在他的帶動下，我的廚藝好像也有了進步。我媽覺得這是我跟他在一起最大的收穫，即使在外地，也可以不將就地吃飯了。我們一起吃過很多很多飯，未來肯定還有更多。朝夕相處地面對同一個人，其實不是件容易的事情，能一起吃得下飯就能繼續走下去。

我特別喜歡和他待在一起，總是被他講的笑話逗得前俯後仰。很多人都說要和一個有趣的人在一起，我覺得是「要和一個你覺得有趣的人在一起」，畢竟沒有什麼比對方願意在你面前露出有趣的、孩子氣的一面更珍貴的。

正如王小波所說：「你真好，我真愛你，可惜我不是詩人，說不出更動聽的話了。」於我於他，這些話就夠了。

我們能在一起，對我而言就是最好的愛情了。我特別愛他在我做噩夢時翻身抱我的瞬間；我特別愛他認真嚴肅地數落我生活習慣不好的瞬間；我也特別愛他賣萌、耍賤、欺負我的瞬間……我想跟著他一起成熟，一起建立生活，一起看

更多的星空、走更多的路，一起踏踏實實地在人間嬉遊到老。歸根結柢，是因為我愛他。

　　陌生的朋友別著急，總有一天你也會收穫屬於你自己的禮物。

高級浪漫

我喜歡讀詩，但是我從不給人讀詩，因為不是每個人都喜歡詩歌的浪漫，我怕我的浪漫錯付給了別人。但我現在想讀給你聽，因為我覺得你會懂。

這首詩是這樣的：「我們相愛時，愛青草、穀倉，愛燈柱，以及那被遺棄的街道，不寬、徹夜無人。」非常短，它來自羅伯特・布萊，一個美國詩人。

我為什麼想到要讀詩呢？是因為我想要說一下「浪漫」。既然要說到「浪漫」，就不得不再講一下我的一些淺薄的、不具代表性的經歷。

我一度以為愛情是極度浪漫的，而且這種浪漫一定要是激烈的，像六月分的暴風雨，你不知道它什麼時候來，但它來的時候一定會激烈地衝刷著你的靈魂，而我也曾經感動於這樣的浪漫。在我非常年輕的時候，我想要贏得我喜歡的男生的關注，就肆虐地、瘋狂地採用傷害他的方式，比如撕掉他的作業本，站在他的課桌上，讓他給我「小心一點兒」、「小心一點兒，我喜歡上你了」。他確實記得住我，可卻不是好感，而是滿滿的厭惡。

　　後來，我們莫名其妙地在一起了，他也用**轟轟**烈烈的方式和我相處。我記得一年情人節，他喊我和他去廢棄的鐵軌上散步。冬天很冷，路有些滑，我們起初都不說話，只是默默地往前走，鐵軌很長，我們也不知道走了多遠才停下來，他從口袋裡掏出一塊巧克力，可能只是一塊錢的巧克力，而且已經有點化掉了，但是我覺得這也太浪漫了吧，一個喜歡我的男孩，在情人節捂著一塊巧克力，害羞得不知道什麼時機拿給我才好。真是難得的回憶。

　　我們冒雨一起跑在去補習班的路上，我們夜裡偷偷拿家長的手機發簡訊，可是最後我們仍然分開了。後來聽說他某一晚喝醉酒帶著朋友來我家，在我家門口大喊「我喜歡妳，不過我們不能在一起了」 —— 而當時的我全然不知。這件事還是後來一個朋友告訴我的，而這些人早在我的人生軌跡中消失了。

　　但是沒關係，他給我留下了那些屬於少年時代的、**轟轟**烈烈的浪漫記憶，這樣就很好。

　　隨著年齡漸長，我越來越發現浪漫不單是那些**轟轟**烈烈、狂風暴雨。特別是當我遇上 K 之後，我們多了很多細水長流的浪漫，我才發現，其實有些高級的浪漫是隱藏在生活中的，一定要睜大眼睛去發現它，不然你會以為生活是沒有浪漫的。

　　我們相識於五年前，當時我剛畢業一年，他剛轉行。我們因為電臺認識，某次契機下驚訝地發現倆人的公司竟然靠著，於是多了很多下班後的碰面。

　　有一次我猛然發現他在朋友圈晒過他的書架，與我一樣同為王小波的書迷，我便找到了藉口，問他借兩本王小波的書看看。第二天下班後，他喊我在路邊等他，要拿王小波的書給我。我站在路邊等著他，行人、車輛、漸晚的天色、晝短夜長、晝長夜短……腦袋裡湧現了很多詞，在見到他的時候頃刻間又消失。他拿給我的是《愛你就像愛生命》，我特別自作多情，以為這是在向我暗示什麼，過了很久很久，我才問他當時為什麼借我那本呢，結果他說是他隨便拿的，氣殺我也。

　　有一年夏天，應該是我們剛認識沒多久的那個夏天。我在他家吃過一次飯後就瘋狂地愛上他了。得知他那時的興趣是滑板，我也特別置辦了一整套滑板裝備，還叫他和我一起選購滑板，為的就是可以一起玩兒。

　　那個夏天，我們頻繁地相約去玩滑板，我還因此磕掉了三顆牙。磕掉牙的當下，只覺得眼睛裡真的是在冒星星，碎牙齒都在嘴裡，擦傷的腿也火辣辣地疼。一瘸一拐地走到他面前的時候，他都震驚了，趕緊扶我找地方坐下，溫柔地吹吹我的傷處，還說「我的肩膀借妳靠」。愚笨呆傻如我，竟

然還假裝堅強，愣是錯過了那次機會。後來我們再談起來，他卻說：「當時我就在想，以後誰娶了妳可倒了血楣了，門牙都沒了，可是沒想到，那個人是我啊。」然後我們就會互相打鬧，笑著打滾。

　　還沒有在一起的時候，我常跑去他家裡蹭飯。那也是個夏天，他在廚房裡做午飯，我厚臉皮地躺在沙發上吃著他買的冰棒兒，抬頭一瞟，陽臺上晾著他剛洗的衣服，中間還夾著平角內褲。開著窗戶，風吹進來，把內褲吹得鼓鼓的，我只覺得那個場景好浪漫啊，雖然我也不知道我在浪漫個什麼勁兒。他從廚房探頭出來跟我說：「沒雞蛋了，妳去樓下小賣部買一點兒吧。」我就聽話地去買雞蛋了。走在路上，拎著塑膠袋，想著他正在家裡給我做飯，心裡又生出很多浪漫的感覺來。

　　我們這將近六年的相處，從很好的朋友到男女朋友，幾乎很少吵架。我是因為從小看父母吵架，害怕極了「吵架」這件事兒，而他本來就性格溫和。愛情發生是很容易的，可能每個人每天都會遇到很多心動的瞬間；但生活是不容易的，生活遠比愛情複雜得多。我們雖然不吵架，但生氣拌嘴這樣的事情時有發生，有時候氣急了我就不說話，腦袋裡開始上演各種劇情：如果我離家出走了，他會去找我嗎？像電影《蘇州河》裡那樣。或者如果我賭氣說不要在一起了，

是趕他出門還是我自己出去呢？我們分開的話，他會過得好嗎？會不會每天傷心？我離開他好像不一定會變好吧，因為他的存款比我多。他怎麼還不來哄哄我呢？這樣想來想去之後，時間一長，我的氣也就消了。

我們的浪漫就是在這些日常中慢慢累積，越積越多，像雨天用來接水的水桶，隨著時間推移，裡面的水越來越多。在這段關係中，我們互相化解了自己的原生家庭之痛，也因為愛，愛上了因為愛著對方而變得更好的自己。也像一開始的那首情詩，因為相愛，也愛上了周邊的那些物事。我覺得這是屬於我的高級浪漫。

其實浪漫沒有標準，不一定要燭光晚餐才是浪漫，不一定要過節必發紅包「520」才是浪漫，也不一定要給女朋友買包包、買香水才是浪漫。當然我也沒說這些就不浪漫，而是想說，我們肯定都會找到屬於自己的高級浪漫。它可以像我和 K 這樣，是日常生活中的細水長流，是今天他要加班一整天，還會在出門前給我做好一碗打滷麵；它也可以像狂風暴雨一樣，濃烈又激情。它可以是任何樣子。

只是，每個人都找得到自己的高級浪漫，就好了。

你不要恃愛行凶

你說，兩個人之間什麼最難？

有人可能會覺得相遇最難。因為你在這顆星，而她在那顆星，你們之間相隔萬里，彼此在各自的軌道裡默默前行，也許永遠不會遇到。我想不是的，事情總有意外，各自的軌道也偶有偏離，你的那顆星說不定就和她的那顆星在某一刻相遇了。現代社會一切都很容易，想要認識一個人太簡單了。

有人可能會覺得相知最難。這意味著兩個人要從陌生到熟悉，從熟悉到心意相通，再到心領神會。「相知」這件事情確實有難度，最近我在看《紅樓夢》，寶玉和黛玉在第三十二回之前也處於未能相知的狀態，於是猜忌、生氣、鬥嘴頻有發生，但到第三十二回互通心意後，這些事情便不再發生。人心和人心之間就苦在沒有一架橋可以讓我們從這頭兒走到那頭兒，從那頭兒捎回他的想法，但溝通和交流可以辦到，只要我們用真心去對待。

在我看來，兩個人之間最難的是相守。是終於踏破鐵鞋覓得良人後，兩個人真正地面對面生活。看到對方更多面的

存在後，是不是還能一如既往地喜歡對方，是不是還能一如既往地關心和愛護對方 —— 這些是最難的部分。

鋪墊這麼多，其實是因為聽說了一個朋友最近的經歷，讓我想要抽絲剝繭地找到我們相守相處時存在的問題，同時從我淺薄的經驗裡提取一些解決方案出來，僅供參考。

朋友 A，男，普通上班族，在一家乙方公司工作。據我所知，他每天的工作就像打仗一樣，切換在無數個客戶群裡，回覆、回覆、回覆，打字、打字、打字……只要他一小會兒不回覆，他的信箱馬上就會爆炸。做著這樣的工作，免不了要有一些與客戶社交的飯局，聊一些不鹹不淡的話。這就是他生活的大部分。

A 的女友是個櫃檯，漂亮，身材好，他們在一起一年多了，在朋友看來，兩個人算得上「郎才女貌」。但唯一不足的地方就是他倆經常吵架，基本頻率保持在「三天一大吵，兩天一小吵」，吵架的理由都很雞毛蒜皮，比如 A 在家裡回覆客戶的時間過長，女友會吵；又比如女友拿了冷牛奶放在他腿上，他嫌冷叫她別這樣鬧，女友也會立刻吵起來。

如此種種，不勝列舉。我聽起來只覺得是小孩子的遊戲，沒放在心上。但聽得越來越多，漸漸就生出不爽之感，這不就是恃愛行凶嗎？

女友會要求朋友 A 在上班時間秒回她，可是他真的做不

到，客戶群裡的訊息就像被點著的鞭炮，「劈里啪啦」「劈里啪啦」，你一旦不先處理這些，公司可能就會有損失；女友會要求他在陪客戶吃飯時給她明確的回家時間，這個也無可厚非，都想要心裡有個底兒，可是很多時候確實聊著鬧著時間就過去了。回到家面對的不是女友的擔心，而是女友背對著他，讓他自己拿著鋪蓋捲兒去睡沙發。

吵架的時候女友一定會說「你不愛我了」、「我對你這麼好，你怎麼一點兒都不付出呢」、「你怎麼就做不到這樣那樣的事兒」……我真的想說，有點兒過分了。

我以這樣的例子，說回兩個人之間的相守相處。第一個忌諱就是占有慾。愛不是占有，兩個人的關係也不是制霸關係，不是城管和小商販，不是領導和下屬。兩個人的關係應該是平等和尊重。

不是在親密關係中占了上風，他事事都聽，他事事照做就是愛。而是明明很多事情，他可以不做，但出於對你發自內心的愛，他去做了，這是愛。就好比，一方主動去洗碗，不是因為對方這樣要求，而是真的心疼對方的辛苦，才主動跑去洗碗。這是區別。

拿「時刻保持聯繫」這件事情來說，是他體諒你的擔心，告訴你他所有的行程，這是出於愛，而不是你時時刻刻要保持聯繫，只為滿足自己所謂的「安全感」，就要求對方

一定要時刻彙報自己的動態。在我看來，這就是恃愛行凶的表現之一。

無論男女，請記得，愛不是占有，不是占有，不是占有。可以自行聯想種種親密關係 PUA（情感控制），但我不想多說此類事件。

愛，或者萬物都是一樣，不要扯得太緊，就像扯著一根皮筋，你扯得越緊，它越容易斷。想起之前看過的一本講攝影的書，意外得到一句至理名言，來自《決鬥寫真論》：「無論我們如何努力去擁有這些事物，最終，事物還是朝我們伸出手的另一端退去。」

另一個忌諱就是，不要「索求」回報。

我在談戀愛這件事情上還挺不計回報的。我會給喜歡的人買他喜歡的東西，會想方設法地讓他覺得被珍惜著。不是卑微地一定要他也來這樣愛我，而是在這樣的過程中，在將愛給對方的同時，我也得到了自己給自己的愛。

也別覺得「被偏愛的都有恃無恐」，你說他們真的有恃無恐嗎？不是的，當他失去「偏愛」，他的恐懼就會冒出來。

我們誰都不要仗著喜歡人家，就要求對方得對自己的付出做出回應、給予回報，畢竟付出是自己的選擇，成年人最該負責的難道不是自己做出的選擇嗎？如果一開始就奔著「我愛你，我為你付出了這麼多，你卻這麼回報我」，我真

的想要說一聲 —— 可能看起來有些過分冷靜 ——「不要把責任轉化到別人身上，這是自己的課題。」同理也適用於父母，不要打著為我們好的旗號，來把自己的責任轉移了。這真的很危險。

其實這兩點也只是最普遍的兩點，要講的還有很多呢。

怎麼解決呢？我想到的一個辦法是：讓自己豐盈起來，讓自己的世界開闊起來。要有自己的世界，要不斷地拓寬自己的世界，有自己的愛好也好，有自己的朋友也好，有自己熱愛的事業也好，就是不要把注意力只放在一個人身上。因為當世界窄到只有一個人的時候，很危險。

這樣，在我們不幸失去所愛的時候，至少我們可以去跑步揮灑汗水，可以寫文章咒罵那個人，可以跑去別的城市扔掉這些過往，而不是再守著那個離開的人留下的痕跡，悲戚戚，無所適從。

跟擁有獨立人格的人談戀愛，真爽！

與談論「個人成長」相比，我其實比較少談論「戀愛」相關的話題。

這背後肯定是有原因的，我來解釋一下。一是因為不太想過度「秀恩愛」，很多事情其實是會遭到反噬的，秀得太多，糖分太高，容易得糖尿病；二是因為比起談論「戀愛」這件小事，「個人成長」是個更加廣泛且可以聊更多的事情，戀愛不也是個人成長中的一小塊兒嗎？而且我其實在戀愛中收穫最多的，就是我個人的成長。所以，雖說被認證為所謂的「情感部落客」，但我可能更偏向於把內容擴展至「個人成長」的範疇。

但我今天要談一個與戀愛相關的話題，根據我沒幾次的戀愛經歷和觀察到的周圍人的戀愛，得出一個小小的結論：跟一個擁有獨立人格的人談戀愛，真爽！

我先不說爽的事例，我先說說我看到的、聽到的不爽（但可能也僅僅是小小的煩惱）的事例。

前不久，有個朋友突然要給我打語音，說知道我一直在分享情感相關的內容，感覺我是個活得通透的人，他最近發

生了一些事情，想問問我有什麼解決辦法。我有一點兒害怕接電話這件事情，所以我們倆就用文字溝通了。我先要宣告，我可不算一個「活得通透」的人，我還配不上這樣的評價。

　　鑑於敘事方便，我就叫他小明吧，小明這個名字真是萬能的，那他女朋友就叫小紅吧。

　　小明簡單地鋪墊了一下他們的故事背景，好讓我能理解故事情節。小明是河北人，小紅是陝西人。他們是大學同學，在大學期間相愛，在一起。畢業後小明來京打拚，小紅繼續讀研。今年小紅研究所畢業了，小明便準備結束北漂，和小紅一起奮鬥。但就在這個時候出現了一些小小的插曲。

　　小紅是家裡的獨生女，父母比較希望她能在老家生活，找份穩定的工作，類似公務員或者教師，不希望女兒去外面打拚。小紅也覺得這個想法在理，但心裡實際上是想要去外面闖一闖的，和小明的戀愛是一層原因，另一層原因在於小紅即使讀研也是在家鄉，外面的世界是精采還是糟糕，沒有親身體會過多少有些遺憾。

　　小明煩惱的點在於小紅經常搖擺，而且是非常搖擺，她始終做不出自己的選擇，耳根子軟，似乎誰的建議她都可以接受，但接受後又會產生新的不確定。她想要聽從父母的話，又想要跟著小明去闖一闖。其實即使小紅選擇了留在父

母身邊，小明當然也是可以陪著小紅來她的家鄉，但小明又會擔心自己的父母年歲漸長，以後贍養怎麼辦。

　　類似的問題，我想肯定也存在於其他情侶之間。我們聊來聊去，最後我能想到的就是，讓小明和小紅深入地談談，聽聽她內心的想法，讓她做出自己的選擇。畢竟小明的選擇是可以更加機動一些的，不管小紅做出哪個選擇，他只要尊重她的選擇，並對應做出自己的選擇就好了。至於贍養父母的問題，當然是需要考慮的，但他們的父母其實也才五十出頭，情況還沒有那麼緊急，可以先不做重點考慮。

　　小明最後接受了我的建議，嘗試和小紅再好好談談，但他也隱隱地擔憂，覺得小紅還沒有獨立到可以為自己做主。之後的故事發展我還沒有打聽到，有機會我倒是可以去問問看。

　　這裡面其實隱藏著小紅的一些問題，當然類似的問題我肯定也是存在的。小紅看起來還沒有那麼獨立，雖然我也不敢自詡是個「獨立女性」，似乎一旦揚起「獨立女性」的大旗，就意味著讚揚聲和叫罵聲將會同時湧來，並且很可能是叫罵聲更大。我、我怕，別給我扣大帽子，我只能算一個慢慢開始具有獨立思考能力的人。

　　聽父母的話，有錯嗎？自然沒有大錯。身為「過來人」，他們的人生經驗、社會閱歷，確實比我們豐富。但也

不得不承認，現在的社會，不是當時他們年輕時的社會，情況變化太快了，他們過往的經驗不一定適用於現在這個社會。我們想要成為一個成年人，想要成為一個獨立的人，第一步就是要為自己負責，堅持自己做判斷、做選擇，自己為結果負責，到時候誰都不怪罪。

　　誰也別想把責任交到別人手裡，現在父母幫你做了決定，你看似乖巧地聽從了，後果要是符合想像則皆大歡喜，要是沒想像得那麼好的話，豈不是會埋怨父母干涉自己的人生？推理到情侶、朋友關係，其實我們有時候詢問別人的意見，我們心裡是有隱藏結論的，只不過我們需要別人幫我們加大火力，失敗了他們也要背負一定責任。但是別人憑什麼呢？

　　我還從另一個「小紅」那裡聽到她和前男友分手的原因，就是因為他是個「媽寶男」，總是拿不定主意，要尋求媽媽的建議，甚至是換工作這種事情，也要詢問媽媽該怎麼辦，然後聽從媽媽的安排。

　　在小紅看來，這是非常危險的一個訊號。這是不是意味著如果兩個人以後結婚，男生的媽媽還會插手兩個人的生活？從兒子吃什麼最有營養，到家裡應該怎麼裝修，再到未來孩子應該選什麼幼兒園……朋友想了想，頭都要大了，果斷分手。

其實這些是反面例子，包括我之前講過「恃愛行凶」的例子，女生選擇來到北京和男生奮鬥，卻要在離開的時候埋怨男生為什麼不照顧好自己，真的，大家都是獨立的個體，不是事事都需要人照顧吧，這樣雙方都很累的。

為什麼我說跟一個有獨立人格的人談戀愛真爽？

我先說我認為的「獨立人格」，一是事事為自己負責任，自己照顧自己，堅持自己做判斷、做決定，自然也為結果負責；二是不依附別人，有自己的世界，可以與人交流，但不強行合併；三是因其獨立，所以不會被廉價的情感文章和言論「精神控制」；四是因其強大、富足的內心，所以對人會呈現出事事體恤的溫柔來。

要為自己負責任，其實上面那些事例都是在重點講這個點。

有自己的世界有多爽呢？這麼說吧，我不知道你們有沒有聽過陳粒的《你瘋狂畫畫，我就在你背後彈吉他》，她也沒有唱歌，只是哼哼，但我就會被歌名裡的那種柔情所打動。當時一定是兩個人各自沉浸在自己喜歡的世界裡，互不打擾，又異常和諧地同處一室。還可以這樣來感受一下，如果你的小明或者小紅有事出門了，你是守著手機一遍遍地問他幾點回來舒服，還是你做你喜歡的事情 —— 泡腳、喝小酒、聽音樂、畫畫、看書 —— 舒服呢？當然是第二種更舒服、更爽啊。

　　再者，擁有獨立人格的人不會隨便被廉價的情感價值觀PUA，也不會「脅迫」另一半做出改變。逼迫別人改變這件事情真的非常不爽，雙方都會非常累。

　　《女孩做好這十二件事，男友更愛你》、《男生情人節送女友這些，一定沒錯》……越是這樣的文章，才越容易造成兩個人的問題，好嗎？每一對的情況都是獨一無二的，共性肯定存在，但正是那些不同才造就了兩個人關係的獨特性。別人的男朋友送鑽戒，送名貴包包，可不一定要求剛大學畢業的男朋友也這麼做啊；別人的女朋友天天發嗲撒嬌，你要是讓你本來不是這樣風格的女朋友照著做，她開心才怪呢。所以，不要跟人家比較，不要被隨意煽動。

　　你愛上一個人，一定不是因為他跟別人一樣才會愛上他，一定是因為他在某一點非常突出，非常與眾不同，才會愛上他吧。

　　而且，溫柔其實真的不是白來的，溫柔的人一定是吞了很多石子在自己的肚子裡，最後才吐出珍珠來。一定是因為自己受過同樣的苦，所以不願意周圍的人再受一遍，才會生出體恤之感的。

　　一個擁有獨立人格的人，一定是吸收了養分，也吸收了泥沙，最終選了一條更向上的路。跟這樣的人談戀愛，一定會體恤到生活的不容易，今後才會溫柔地對待親密之人。

　　小時候，我很煩詩歌朗誦，因為一定會出現李白的《行路難》、舒婷的《致橡樹》。但慢慢長大了，卻發現《致橡樹》豈不就是在說和一個擁有獨立人格的人談戀愛的事嗎？「我必須是你近旁的一株木棉，作為樹的形象和你站在一起。根，緊握在地下；葉，相觸在雲裡。每三分鐘熱風過，我們都互相致意，但沒有人，聽懂我們的言語。」、「我們分擔寒潮、風雷、霹靂；我們共享霧靄、流嵐、虹霓。彷彿永遠分離，卻又終身相依。」

　　我們各自獨立，又彼此相依，這還不爽嗎？

女孩，去做勇敢的那一個

　　我剛剛在洗澡的時候，花灑的水沖掉滿臉的洗面乳泡泡，突然想起一個朋友。想到她的時候，腦袋裡蹦出一句話：女孩，去做勇敢的那一個。

　　為什麼蹦出這句話，以及為什麼會在那個瞬間想起她，我不知道，可能潛意識裡我在想念她，我的潛意識在提醒我，去問問她的近況吧。

　　她是我大學時的好朋友，眼睛裡似乎永遠裝滿了憂愁和明媚，讓你想要一直一直看著她。她的氣質很像郭碧婷，招魂旛一樣的黑色長髮，永遠微笑，同時也帶著一點兒清冷。如果不是她主動找我說話，我想我會離這個漂亮女孩遠一點兒，因為我知道如果我們走在一起，我的光芒會瞬間消失殆盡。

　　就是這樣一個女孩，自然會吸引不少男生的關注。喜歡她的、對她感興趣的人一撥又一撥，可是沒有哪個人能真的成為站在她旁邊的那一個，不是因為她的清冷和高傲，而是因為她的遲疑和不勇敢。

　　她曾經喜歡過一個學長，學長對她也很有感覺，而且學

長也是那種非常出眾的男生，如果不是知道她喜歡學長，我想我可能會主動去追求也不一定。

學長對她是有採取主動措施的，他在食堂買好了午飯等著她，在她晚自修下課的時候去接她；知道她喜歡吃什麼零食，會在聽見她無意間說「好想吃啊」之後，專門跑一趟去買給她。學長對她的認真，我們都看在眼裡，但是她似乎只是把關係保持在很好的學長學妹這個程度，不敢再往前發展一步。

學長也有託我們問過她的想法，她說她很喜歡學長，但想要看看他能堅持多久、是不是真的喜歡她，以及她很擔心答應了之後，學長對她的態度可能就急轉直下，所以不敢往前一步。

你能想到這種感覺吧？一個人禮貌地、小心地靠近另一個人，另一個人微微退後，但也會悄悄往前，可是你叫她往前跨一大步，立刻就可以靠近對方了，她卻止步不前。她太害怕了，但對面那個人也不一定會一直守候吧？

所以這些情感最後的歸處是沒有歸處，它就這樣消失在某個普通的夏日午後，無疾而終。學長還是那個禮貌、貼心、溫柔的學長，只是他不可能再在聽說她想吃什麼之後，就立刻跑去買給她；她也繼續堅持著她的愛情理念，直到遇見比她勇敢、堅強的那個人。

這樣的事情在她身上反覆出現了幾次，不只上學的時候，還有工作之後。只是工作之後的人們更沒有耐心，可能一個月沒有回應，人家就不再付出。於是，這個女孩到現在為止，除了很短暫地交往過一兩個男生之外，再無任何感情經歷。

我一直跟她講，妳別怕，主動一點兒、勇敢一點兒沒什麼的。可我知道她不是我，我也不是她，我沒辦法讓她真的勇敢起來。

我的私訊裡總會收到類似的故事，希望獲得勇氣的女孩們會問我：女生真的不能主動嗎？女生怎麼勇敢一點兒？喜歡一個男生到底該不該和他告白？如果他拒絕了我怎麼辦？我被一個男孩喜歡了，我也喜歡那個男孩，但是我不太敢和他交往……非常多的故事，我最怕給建議，但今天突然想要說：「女孩，去做勇敢的那一個。」

喜歡一個男孩子，想要跟他告白，要不要勇敢一點？

去，去告訴他，大大方方地、不怕失敗地、坦率地告訴他。這樣妳的遺憾才會少一些。如果他拒絕了妳，別怕，那是他不給自己一個可能幸福的機會，不是妳的錯，妳還是可以大大方方地告別，就像《初戀這件小事》裡的小水一樣，失敗了就去找更好的自己，一點兒不虧。

想去其他城市看看，想要跳槽去試試另一些機會，要不要勇敢一點兒？

　　要，我這幾天聽了一位美國女性作家瑪麗・弗里奧的訪談，主持人問她怎麼勸服那些猶豫不決的人，她說她自己有一個座右銘：清晰的思維來自全力投入其中，而不是空想。她舉例說明，她喜歡跳舞，但花了三年時間猶豫要不要投入在舞蹈上，最後她選擇還是去跳跳看，結果她一跳就驚奇地發現這就是自己喜歡做的事情，自己為什麼白白耽誤了三年時間呢？所以，很多事情需要我們全心投入，親自試一試，勇往直前一些，哪怕試了一下覺得沒那麼喜歡，至少也讓你知道那條路是不行的，豈不是好事兒？

　　我知道如果一個人一直沒那麼勇敢，突然叫他勇敢起來會有點難，那種難度應該不亞於讓恐高的人去高空彈跳。所以我們也許可以先從一些相對簡單的事情去試試看，比如，跟喜歡的人主動打招呼，跟不想做的、自己覺得不公平的事情說不，等等。

　　當然，其實也同樣適用於男孩，勇敢一點（但要有禮貌地）去告訴喜歡的女孩你的真心話，勇敢一點（但不要空想和誇大地）去追尋你的事業。未來一片大好時光，在等著勇敢的人。

　　所以，試試看去做勇敢的那一個，也許事情會有意外的收穫，其實我也在安慰我自己，繼續勇敢下去吧！

我懷念每一個「酒肉朋友」

好像人們到二十八歲的時候，生活的分岔路就會展現出來。有的人急流勇退，在後來者奮不顧身要拚一拚的時候，選擇更舒服的生活；有的人退無可退，只能繼續努力。去年說著要離開北京的人，真的離開了那麼幾個，我們大多在想喝酒的時候想見，然後消失在日子的角落裡，除了珍惜那些知心朋友，我也異常珍惜那些「酒肉朋友」。

我先明確一下我心裡的「酒肉朋友」，不是平常意義上說的只關乎利益、做表面功夫的朋友，而是我們真的只在酒桌上見面聊天，可以不過心，可以很簡單地只是開心。有人說：「酒肉朋友不一定是真朋友，真朋友一定是酒肉朋友。」我認為果然如此。因為那些在酒桌上聊得很開心的人，我們在不知不覺間交了心，也在不知不覺間覺得，好像我們只做酒肉朋友也挺好。

今年第一個從北京回到故鄉的，是我哥們兒的髮小 H。我們真的沒有過深的來往，酒桌上開的玩笑偶爾也葷得不得了，不算真正的交心，但也就在不經意間把對方當成了和其他朋友有點兒不一樣的人。我們三個人去年夏天經常混在

一起，什麼事都不幹，就在街上瞎晃，想到好玩兒的地方就去，想不到就互相調侃對方怎麼這麼無能，連去哪裡玩兒都不知道。記得有一次，我的哥們兒談了女朋友，四個人坐在一桌，我們三個人嘻嘻哈哈沒個正形，哥們兒的女朋友坐在旁邊，一副乖乖的模樣看著我們。H 開啟手機，對著手機說，「嘿，Siri（蘋果語音智慧化助手），開啟美團」，我瞬間就笑崩了，原來真的有人用 Siri 開啟應用啊，然後非要他再演示一遍，讓我錄小影片。除他之外，我們仁都笑得前俯後仰。後來哥們兒和女朋友分手，那個哥們兒和我說，他的女朋友覺得我們這樣傻兮兮的很好，很想加入，但是她總有無論如何都融入不進我們的感覺。我略感抱歉，但也有些小慶幸。原來我們在嘻嘻哈哈時，也能成為一個讓別人羨慕的小團體。

H 的女友去年年底懷孕了，於是他們順理成章結婚，返回老家待產。我們約定的最後一頓飯沒有吃到，多少有些遺憾，遺憾以後沒法兒再一起講葷段子，他們犯傻，我只用笑就好了。

跟 H 和哥們兒在一起的時候，基本就是想找人一起吃飯的時候，跟 G 就更是如此，我倆不到其中一方想喝酒的時候，是不怎麼約見的 —— 當然更多是我想喝酒的時候。

我倆逛了很多衖衖裡的小酒館、大酒館，喝過啤酒、雞

尾酒，很多酒。有一次，甚至因為喝酒，換了很多家酒館，喝完一家就跑到下一家，來來回回換了三四家，一直喝到深夜回不了家，跑到同一個酒局的一個姑娘家過夜，三個人回到家又買了啤酒繼續喝，邊喝邊聊天，一直到不得不去睡覺。這樣放肆的、不管不顧的酒局，僅此一次，再沒遇見過，以後會不會有，不知道。總之，這是我最懷念的一次酒局。

　　G 今年去了南方，她說了那麼久的離開，終於實現。我昨晚翻微信裡的通訊錄，看看有多少人是「失聯」的，發現藏在通訊錄深處的他們，才想起來我有很久沒有那樣傻乎乎地組局喝酒，或者組局傻笑了。

　　大學裡這樣的朋友就更多，而現在這些朋友都散落在天涯，過著他們自己的日子，我們聊天也很少會提起大學時候怎樣怎樣，大家說的還都是現實中存在的困難煩憂。因為交集的圈子變少，說幾句也就覺得索然無味，像是自我矯情了一番，也就不再多說。

　　人們漸漸不愛在社交平台分享自己的一切，過得好的擔心自己在炫耀，過得不好的更願意把傷口悄悄藏起來。可是沒有了大家的分享，我再難看到他們的生活近況，我不知道應該從哪裡和他們靠近。

　　我懷念每一位「酒肉朋友」，懷念他們單純地只是和我

喝酒、吃肉，我們當然會在飯桌上吐槽、說八卦，偶爾走心。酒肉朋友和那些願意走心地聊天、進行靈魂對話的朋友並不對立，和他們的關係有時會像能進化一樣，酒肉一番聊了一夜，發現彼此的靈魂也可以共鳴，那就一躍成為知心朋友。當然，止步在酒肉上也沒有不好，至少想喝酒的時候，總有一些人是願意一起的。

在夜深人靜的時候，想起你

　　你不是我的情人，從過去到現在到未來都不可能是，可是你在我生命裡留下深深的一道印。

　　我們在大學相識，起初我看不上你，覺得你嘴唇太厚，瀏海兒也太厚，說話油腔滑調，到底哪一句是真哪一句是假都不知道。後來不知道怎的，我們變成很好的朋友，在一起玩兒的還有兩個人。我們午飯、晚飯、課餘時間幾乎都泡在一起，像戀人般膩乎，但我們都知道我們不會成為彼此的戀人，因為沒有來電的感覺，更因為你有女朋友。說到底，因為我們將分寸掌握得很好，僅僅是哥們兒，是好朋友，絕不越軌。

　　我印象中你特別講義氣，每當我矯情想喝酒、訴衷腸的時候，叫你就好啦，你也不推辭。我記得我剛分手那會兒，矯情到總要拎一罐啤酒走回宿舍，你也總說我是個傻子，然後跟我將啤酒一飲而盡。

　　記得有一次我們去摘草莓，同行的好朋友看起來有點兒曖昧，我們在後面嘰咕，我惡狠狠地希望他們不要在一起，因為男生有正在異地戀的女朋友。你說我只要給建議就好，

他們自己的事情交給他們自己解決。我們坐同一輛電動車的時候，我竟然覺得這可能就是自由了，人生至寶無外乎眼前這樣，三兩好友，舒服自在。

　　你呢，會跟我一起維持文藝愛好，在天臺或草地談心、彈吉他。我莫名其妙地跟你親近，除了覺得你長得比較帥以外，大概原因就是我們有共同的愛好 —— 音樂。可是，你畢業後沒怎麼再碰過音樂，偶爾碰一下也不過是同事起鬨說你會彈一點吉他，讓你在年會上表演。

　　你很快結了婚，和談了很多年的女朋友，婚後也很快有了孩子，一個，兩個。我漸漸不知道該跟你談什麼，我對婚姻沒有概念，對孩子的話題更是插不上嘴。你的祕密還會跟我講，脫離了學生時代的回憶，我們可能才更是朋友。總覺得對你的感覺還像當初在學校裡那樣，我雖然知道你在現實中是怎麼回事，但還是記憶裡那個沒有被生活錘打過的你，更加生動。

　　你對現在的生活談不上滿意也談不上不滿意，大概為了維穩也就只能這樣，安心工作，撫育孩子長大。關於你的興趣，或者你自己，你好像都不怎麼關注了。也許你已經被生活擠壓到沒有空間去關注自己了。

　　你談了幾個女朋友，每一個談的時間都很短，你似乎無法認真投入到一段戀愛或者是穩定的關係當中，因為你們越

交往到後來，彼此貪圖得就越多，世俗的「要」是一部分，精神的「要」是另一部分，往往是有了世俗享受，還想要精神滿足，但大多時間是兩頭空。所以這麼幾年過來，你跟我一樣沒車、沒房，沒什麼存款，抵禦不了任何風險。我唯一好一點兒的是，處在一段穩定且積極發展的關係中。

上次你帶某個女友來北京，我以為你們打鬧之間是真的把對方納入未來的計畫之中，可是沒承想，離開北京的最後一天，你們分手了。而且不像之前幾次，還有複合的機會，這次根本就是破釜沉舟，永不回頭。究其原因，是她很想要走入一段婚姻，而你似乎沒那麼急，你知道的，我們女生到了接近三十歲的年紀，還是未婚的狀態，無論多麼男女平權主義，都還是想要結婚的。她想跟你有下一步，你理解，但你辦不到，那也就無緣了。

聽說之後你們偶有聯繫，只是不再提愛不愛的，成年人就這點好，知道無法再和對方攪在一起，就乾脆不要設定任何羈絆，也好，殘酷也溫柔。

我也是偶然才想起你，在我晚上還沒睡著的時候，突然想起似乎很久沒有給你發過訊息，也沒講過最近我的城市天氣是陰是晴，特別是在聽到一句歌詞「可是你一定要幸福啊」時，才想起來：這不就是我對你的祝福嗎？無論怎樣，你一定要幸福啊。

126

　　「你」不是一個人，「你」是經過我生命的很多人的集合體，我對「你」，或者對你們的期許大概也就一句：在夜深人靜的時候想起你們，希望你們是幸福的，不論這幸福是否與我有關。

你，是了不起的你

　　年末，壞事情眾多。有很多人突然之間就不見了；有一個人被謠傳去世了很多次，這次居然成真；有一個人居然在我們不知道的角落默默地面對病痛，而他偏偏是會給別人帶來快樂的那種人。年底似乎就是一個容易離別的時候，去年能抱緊的人，今年還請繼續。而人呢，越長大越容易失去，這不，一起住了三年的朋友最終也要在這個冬天離開。

　　之前我一直在想，以怎樣的開頭和結尾來說她的故事呢？怎麼開頭都覺得說得淺，而怎麼結尾又都好像不夠。「你好」是一段交情的開始，而「再會」可以當作暫停或者結束。人跟人之間，說「再會」的時候都是真的希望可以再次想見，而至於最後沒有見成則是命數機緣的問題了吧。

　　我們的故事從在同一家公司開始，且叫她 H 吧。在工作群裡， H 發現我是她的老鄉，主動靠近我，後來發現性格還很契合，就越發親近。平日裡她會非常熱心地幫助我，讓我完美地度過了在北京孤零零的第一年，似乎有她的陪伴，一個人也不會真的孤單。

　　我記得再度搬家的時候，首選了靠近 H 住房附近的社

區，她陪著我在週末的時候跑了很多家看房子。夏天很熱，我過意不去請她吃飯，而她也只是選了一瓶冰冰涼涼的可樂而已。最後終於定了離她很近的社區，感覺自己在北京終於不是一個人了。又過了一年，她合租的房子裡空了一間房間，於是我們終於住進了同一個房子，而這一住就是說長不長、說短不短的三年。

我知道她所有的傷心故事。認識她的時候，她正被一個人渣前男友折磨，在一起時仗著情侶關係，用她的名義借錢做生意，搞砸了生意，分了手，欠款卻全賴在她身上。H 數次向前男友要錢不得，把力氣耗得絲毫不剩，十多萬元的欠款全一個人擔著，這個中辛苦，我想我是體會不了。若是我，可能早就「算了，認栽吧」，而認栽卻是最沒用的一個方式。

可最後她也只好認栽，不然還能怎麼樣呢？人生和路，可是一直往前的。

那之後，她也愛過一些人，可偏偏到最後都無法再繼續，不是對方先跑了，就是她先跑了，可是年齡這個問題，漸漸也真的變成了問題，即使我們並不想把年齡看作問題，但要知道，大部分人還真無法做到完全不在意女性的年齡。

我記得之前有過一個很好的男孩子，性格溫順，知書達理，和我相處得也很好。起初他三天兩頭來我們家裡為 H 做

晚飯，做完聊會兒天就回家。我問起來，H 總說是個關係不錯的弟弟，可是關係再不錯的人，也不會做到這個份上。果不其然，後來他們在一起了。那個夏天是我看到 H 最開心的一段時間，有人陪，即使吵架生氣都覺得可貴，至少有人願意與她產生羈絆。可是很快，男孩不見了，他們出於某些原因分手了，再後來，H 便不再有任何動心的時刻。

　　我偶爾在想，如果他們真的走到一起，今年的冬天應該可以一起樂樂呵呵地吃火鍋，看她耍女生的小性子。如果這樣該多好，她應該就不會走了吧。

　　至於她要離開北京，確實是一場蓄謀已久的「逃亡」。起初因為繁忙的生活讓人難以喘氣，後來傷心故事越積越多，父母逼婚的壓力巨大，最後連身體也在跟她作對。總之離開的理由越來越多，終於到了「不得不」的時候。

　　這中間，我常常會覺得抱歉，抱歉離她這麼近，看到她經歷著這麼多的難過和傷痛，卻沒有辦法幫到她。現代城市最讓人傷心的瞬間是，你想做一個好人，想幫到別人，可你發現你連自己都照顧不好，就像遇到危險時，你連自己的氧氣面罩都找不到，更別說幫別人戴上了。

　　成年之後，我已經習慣慢慢地失去，慢慢地跟過去、跟自己和解，去緩和與父母、親戚的關係，去珍惜這一切，可現在也還是在緩慢練習「習慣」這件事的過程中。

　　妳啊，H，我們離別的日子要開始倒數了，我會再難見到妳的小貓咪，更別說被牠們蹭一身毛，抱怨這「甜蜜的負擔」，我也再難跟妳說「幫我拿下快遞」。那些睡不著的晚上，妳喊我去妳房間聊天，妳抽著菸，陪著我罵著令我心碎的男人，都是我記憶裡的珍珠。

　　還記得我們在家裡支起小桌子招待妳的師父那次嗎？我們喝了汾酒，都醉了，我甚至吐了，但是感覺很開心。我最喜歡那時的妳，愛找朋友玩，總能認識些奇奇怪怪的厲害的人。

　　妳後來老說一個人多好，自由自在，但我總覺得妳只是嘴硬，妳有妳的堅持，有感情上的潔癖，不然也不會堅持到現在。妳應該還想再等一個真正合適的人，所以妳一點兒也不肯將就，這大概是妳最堅強的地方了。

　　但其實堅強是一種令人厭惡的美德，它不被人同情，無人嬌慣堅強。它是世人刺穿妳、戳傷妳的藉口，那些明明背棄過我們的人，我們卻要以「自己很堅強」為理由來替他掩蓋過錯。既然堅強這麼壞，我們為什麼要留著它，為什麼很多人還要歌頌它？

　　可妳的堅強，就是那些妳堅持的東西，妳自己知道它們是什麼，我覺得妳千萬不要輸，不要拋棄它們。因為妳是了不起的妳，妳承受了很多壓力和磨難，那些是我無法想像

的，要是換作我可能早已崩潰。妳不要妄自菲薄，妳在我心裡是很棒的人。

　　希望妳以後戒菸，但我可能很快就聽不到夜裡打火機的聲音了吧。希望妳的身體快點好起來，我想再看到妳神采奕奕地發朋友圈，洗版也無所謂。希望妳快點找到那一個合適的人，而他剛好也被妳喜歡。希望妳以後的日子少一點磨難，前三十年受過的苦已經很多了。

　　妳，是了不起的妳，希望妳以後真的越來越好。

我們互相喜歡，但也只是朋友

最近北京的天氣陰晴不定，當然更多是陰天。陰天有種神奇的魔力，總能讓一個人的思緒多起來，像春天的柳絮一樣惱人。我好喜歡「惱人」這個詞，帶著一種嬌憨感。惱人的思緒一多，不自覺地就開始追溯過去。

人成年後，確實不那麼容易交朋友，看對眼是第一步，但因為成年人莫名其妙的驕傲，很多時候，第一眼就看不對，就別說繼續往下交朋友了。我和以前的女朋友們還保持著交往，雖然相隔千里，但我們有問題的時候還是可以「雲端解決」，我生活中有什麼變動也還會和她們講一下。可是那些男性朋友則沒那麼容易開啟對話。一個重要原因自然是距離，另一個重要原因是大家各有生活，不方便像少年時還能對著星星就著酒嗑下心事，所以多少有些淡漠。

我想起可以稱得上哥們兒的幾個男性朋友。L，陪伴我度過國中晦暗失敗的初戀，跟初戀不明不白結束後，坐在我後桌的 L 總是打趣我，把我所謂的傷口不當回事地來回說，說的時間久了，我竟不覺那是個多麼嚴重的事情。那時的 L 非常帥，白淨、個子高，人也很溫柔，還會彈吉他。雖然和

我之後認識的很多吉他大神相比，他的吉他程度真的非常一般，但少年時代，會撥弄幾下吉他，確實是會吸引不少女生的注意。當然他也曾悄悄告訴我，他學吉他只是因為他暗戀的女孩子喜歡 Beyond，且公開表示過，如果有男生對著她彈吉他唱《真的愛你》，她絕對毫不猶豫地答應和他在一起。於是我可愛的哥們兒 L，苦學吉他，苦學《真的愛你》。已經忘記他最後有沒有求愛成功，現在想起來那時還真是浪漫啊！雖然後來也知道《真的愛你》其實是寫給媽媽的歌，但也不妨礙在我的記憶裡，有個溫柔的朋友苦練吉他追女生的浪漫往事。

　　男女之間要成為真朋友，需要經歷過彼此晦澀不明的暗戀青春才可以。我記得 L 在高中時，有一次叫我出門，我們在廣場上聊天，講起他最近喜歡的女孩，講著講著他就哭了，他真的拿她沒辦法，女生不喜歡他，只想和他做朋友，那能怎麼辦呢？那是我極少數幾次看到男孩子哭。那時有點兒羨慕被他喜歡的女孩，可以收穫男孩的眼淚，真是一件珍貴的事情。雖然知道這樣不好，但我還是暗自覺得，如果有個男孩也可以為我哭就好了。

　　再然後我們分隔兩地，在各自的大學裡，又有了各自的生活，我也有了新的男性朋友。

　　第一個我主動想去結識的男性朋友 F，說實在的，最開

始是因為喜歡他的長相，有種歐式美男感，五官深邃，雖然近幾年看他的照片，稍微胖一些後，五官沒有當時那麼深邃了，但他仍是我很重要的朋友之一。他是那種很浮誇的帥哥，也愛彈吉他，可能因為他外貌的關係，他不只有我一個女性朋友，但我相信我們在對方心裡都是蠻有分量的。

　　我記得在我大四準備考研的時候，他正在小學裡做實習老師，我們都有種鬱郁不得志的感覺，雖然也不知道自己的「志」到底在何方，但就是覺得鬱悶。學校有一家小小的奶茶店，我最愛點的是「茉香奶綠」，他晚上下課回來總會帶一杯奶茶來考研教室喊我休息一會兒。我們有一次偷跑出來，坐在學校的草坪上，月亮很圓，草坪不知道是不是剛噴過水，溼溼的，但不影響，我們帶了吉他在草坪上彈唱，跑來一隻小兔子。是一位老師和她的小女兒，帶著這隻小兔子來聽我們唱歌，真是愜意又浪漫。我們偶爾也會在教學樓頂層的天臺上唱歌、彈吉他、吶喊，看對面教學樓裡亮著燈光，疑惑他們是不是真的在學習。現在想來，不刻意的浪漫最戳人。

　　而 H，是我最沒有想到會成為好朋友的一個。他是我同班同學，每天吊兒郎當，沒個正形，油嘴滑舌得很，班裡總會有這麼個人，很奇怪，偏偏還真的能得到不少人的喜歡。我們的交好可能源於坐在一起吃了一次午飯，我發現他的

風趣幽默，簡直是平淡食堂裡的一抹亮色，我們總能笑到不行，震驚四座那種。一來二去，我們成了很好的朋友，其實我們是四個人成了很好的朋友，但相對來說，我與 H 更好一些。

好到他的異地戀女朋友會因為我們聊天太多，懷疑我們的關係，用他的手機把我刪掉，而我某一天發現我們在通訊軟體裡成為朋友的天數怎麼那麼短，才知道這件事情。他應該是為了讓我不要多想，才沒有跟我講。後來我多少會刻意地和他保持一些距離。

但我們之間是安全的，是可以深夜外出吃烤串、喝酒，醉醺醺地一起攙扶著回宿舍，也不覺得會出事的那種。我記得有次我醉倒在他肩頭，隱約間感覺到我們倆的呼吸很近，然後回到各自的宿舍，第二天什麼都過去了。我們四個人一起的時候，還會租電動車去採草莓，我摟著他的腰，也許有一瞬間有心動的感覺吧，但也就是一瞬間，在互相打趣後，也就忘記了。

就在昨天，我問了這幾個人中的兩個人同一個問題：你們覺得男女之間會有純友誼嗎？F 超瀟灑地說肯定會有啊，我們不就是嗎？H 也說，男女之間很熟悉之後基本就會超越友誼，一是可能繼續發展下去成為戀人，二是因為各種原因沒法兒在一起，然後成為陌生人，最後一種是友情沒有萌芽

出愛情，往親情的方向去了，比如我和他，他最後成了我的
「大爺」。時隔多年，他們一點兒沒變啊。

　　我也相信，也許有那麼一瞬間，我與他們想要發展出火
花，但最後也確實變成了某種轉瞬即逝的東西。那點兒心動
撐不起一段親密關係，最好還是往友誼深處走去。能成為朋
友，一開始肯定是互相喜歡的，只是喜歡的程度只能到朋友
這個份上。有人覺得男女之間沒有純友誼，那可能一開始其
中一個便是抱著更深、更隱祕的目的開始的，或者慢慢發展
成了更深、更隱祕的程度吧。

　　但於我而言，我們互相喜歡，但也只是朋友，這樣也
很美。

　　我可愛的男孩們，我在遠方為你們祝福，哪怕我們只在
彼此的青春裡占據過很短的篇幅，我也覺得足夠了。

夏天結束了，我的夢也醒了

在夏天，我們吃綠豆、桃、櫻桃和甜瓜。在各種意義上都漫長且愉快，日子發生聲響。

—— 羅伯特‧瓦爾澤《夏天》

「在各種意義上都漫長且愉快，日子發生聲響。」多麼美好的詩句，但不要過分去解讀它們，就讓這些字句像甘蔗一樣，在嘴巴裡慢慢嚼出甜味兒，再吐掉那些渣滓，只把甜留在嘴裡、放在心裡就好了。這是詩歌的魅力，也是夏天的魅力。

返回北京，夏天的蹤跡就再也抓不到了，它的小尾巴真是足夠短，短到無處追尋。我老覺得夏天就像一場曖昧的夢，深夜，汗溼，被熱醒，然後人醒來，夢不見了，夏天也結束了。

我超級喜愛夏天，因為我印象深刻的事情都發生在夏天。

我記得剛來北京的兩三年，我和當時的同事也是我的好

朋友住在一起，我的床靠在窗邊，那是夏天很平常的一個早晨，我被熱醒，時間應該還很早，我往窗外望去，看到了很美的朝霞，紅色、粉紅色、微微的青色層層疊疊交織在一起。我不知道其他人會不會有這樣的感受，看到極美的自然風景會心生感動，我就是如此，而在感動的同時還有些感慨，這麼美的風景現在是我一人獨享，我真是太幸福了。懷著這樣的心情，看看距離鬧鐘響起的時間還早，於是再繼續睡去。

不只是這樣的早晨，還有很多夜晚我也一個人伴著小酒、聽著音樂，關起門來跳舞，好看難看都不重要，重要的是能聽音樂。一個人的生活變得沒有想像中那麼難熬，我漸漸找到很多讓自己快樂的方式。有那麼幾次，我聽到好聽的、需要關燈的音樂，我就關掉房間的燈，躺在床上，搖著手跟著音樂擺動，在酒精的作用下，我覺得自己好快樂，這種快樂真是膚淺，但也真是快樂。窗外能看到星星，我就看著星星發呆，幻想哪顆星星會寫我的名字呢？夏天真是好。

還有一個夜晚，和關係不錯的同事徹夜長談，我們躺在一個窄窄的床上，談到動情處，三個女孩子一起掉眼淚，談到與印象中的對方氣質不符的事情，就驚掉下巴。那樣的夜晚是我為數不多的屬於女孩們的夜晚，發生在夏天，某個星期五的夜晚。

　　再早一些，大二的夏天，我和大學時期最好的兩個女朋友去澳門玩耍，這個真是到目前為止難得的和好朋友出去玩兒的經歷。我們白天在澳門遊玩的時候一會兒姐妹情深，一會兒拌嘴到再也不想理對方，這樣的戲碼三番五次上演。晚上返回珠海居住，因為中間迷路了，所以到達民宿時已經過了十二點，路上遇見眼神曖昧不清的男人，我們三個就縮在一起，心裡暗暗祈禱，趕緊找到住的地方啊。到了房間，三個人才放鬆一點兒，但是發現門鎖有問題又緊張起來，於是我們三個抱成一團睡覺，互相打氣說沒關係，後來是怎麼睡著的，也忘記了。如果不是在回憶夏天發生過的事情，這麼重要的事情我居然快忘記了。

　　大三的暑假真的是有各種悲傷的記憶，馬上到來的大四意味著我們就要各奔東西，有些人可能再也見不了面。我當時在廣東上學，我們就到宿舍唯一一個廣東女孩的家裡做客幾天。

　　那個夏天，真是熱，我們晚上睡不著就在房間裡講起彼此的糗事，我似乎還露著肚皮跟她們力證我真的瘦了，大家應該笑得很開心吧。第二天，我們去竹林玩兒，竹林裡似乎沒有那麼熱，風景是怎樣的我沒什麼印象了，只記得我們幾個人站成一排，找了一個路人幫我們拍照，我們笑得很開心，每個人都咧著嘴，一副沒心沒肺的樣子，這種樣子之後

真的再也見不到了。過了那個暑假，我們六個人分別走在各自的人生道路上，且永遠無法回頭，日子就這樣漫長且意義不明地度過了。

其實季節是個很神奇的東西，它好像對應著人和人之間的交往的全過程。春天來了，是各自情感發芽的季節，交情開始產生，然後到了夏天，情感得到昇華，變得濃烈，變得意義綿長，緊接著進入秋日，關係開始轉向憂愁，並糾結在繼續與結束之間，終於來到冬季，你知道了，關係就是這樣變淡轉冷，再不復夏日光景。

席慕蓉在《小紅門》裡說道：「這個世界上有很多事情，你以為明天一定可以再繼續做的；有很多人，你以為明天一定可以再見到面的；於是，在你暫時放下或者暫時轉過身的時候，你心中所有的，只是明日又將重聚的希望，有時候甚至連這點希望也不會感覺到。因為，你以為日子既然這樣一天一天地過來的，當然也應該就這樣一天一天地過去。昨天、今天和明天應該是沒有什麼不同的。但是，就會有那麼一次：在你一放手、一轉身的那一剎那，有的事情就完全改變了。太陽落下去，而在它重新升起以前，有些人，就從此和你永訣了。」

突然想起來的夏日往事，本來想要讚頌一下西瓜、啤酒、櫻桃這些美好的事物，卻發現再美好的事物也抵不上過

往那些難以忘卻的記憶，抵不上那些相處過的人。所以還是要待人溫柔一些，因為一個轉身，你們可能就再也無法遇見了。

夏天結束了，我的夢也醒了。

回鄉偶記

上週五是爸爸的生日，我悄悄返回家中，站在客廳中央時，爸媽還不敢相信，定睛看了好幾眼才確定是我回來了。

爸爸媽媽一直說怎麼也不告訴他們一聲，我說我不是說了嘛，是驚喜，驚喜就是不能提前劇透啊。

我們坐在沙發上聊天，有的沒的，最後集中在討論如果我明年結婚怎麼辦的問題上。細節很複雜，中途我都有點兒聽不明白了。

第二天是週六，沒有什麼特別的事情可做。於是上午開車跑去我們家當地的百貨市場買地墊，沒有合適的，他們還想給我買新泳衣，好讓我下午一起去游泳，可是看來看去，泳衣樣式太醜了，所以還是拒絕了。

下午閒來無事，爸爸和姪女去游泳，媽媽就拉著我去街上瞎逛。我們先去了一個商場，看望在那裡賣衣服的小姨，結果偶遇了大表哥，一堆人胡說八道了一會兒，我媽就拉著我走了。走到我們當地人人都知道的廣場，我媽給我講秋天的時候這裡的銀杏葉黃得非常好看，好多人拍照。我給我媽

143

講我們小時候一群人在這裡碰到的已經凍死的嬰兒，媽媽直呼嚇人。

我們還看到隨著音樂跳舞的老頭兒，他穿得並不乾淨，更談不上好看，周圍人都說他瘋了，可我覺得，他還挺樂在其中。

我們還看到一對坐著輪椅的人，天氣很冷，也不知道他們冷不冷，我說這麼冷的天，在外面幹嘛呢，我媽說在家裡也悶，出來人還多一點兒。

她還帶我走到有一堆運動器械的區域，上竄下跳非常活躍，她說我不在家的時候，每一天她和我爸都會這樣出來走一走，鍛鍊鍛鍊。

她領我走了很多地方，每次換一個地方，我都問：「妳的腳還行嗎？」因為她身體不算很好，特別容易這裡疼那裡疼的。可她都說：「沒事呀，非常好，很奇怪一點兒疼痛的感覺都沒有。」走在路上的時候，我很不習慣跟人手挽手，但我突然想到我媽以前埋怨我跟她不夠親密，別人的女兒都是和媽媽手挽手的。所以我刻意去挽了她好幾回，但最後還是會覺得不自然就放開了。

走到一個賣運動衣、運動鞋的商場裡，她看中一條運動褲，其實不貴，打折後一百三十九元，她也不知道是捨不得還是怎樣，明明看得出她很喜歡，她也沒買。走遠了才說，

其實她只帶了一百元，是想給我買零食用。我說你別管價格，我給你買。

我們走了一會兒又返回那家店，她好好試了試那條褲子，這時老爸也來找我們了，都覺得很好，鼓勵她買下來，導購還說買兩件折扣更多，又拿了運動服來搭配，雖然知道這是導購的套路，但還是想讓媽媽試一試。結果還真的很合適，價格也不貴，一共三百多元，便叫她一併買下來了。我媽最後不好意思地叫我付了錢，還把一百元給了我。

我知道記下的這些瞬間，對我的生活或者工作起不到什麼作用。但意義就在於，我成年後，特別是在外工作後，與家人親近的時間越來越少，我唯有每次都記下來，才算心裡有點兒安慰。

週日早上很早我就要去火車站，坐高鐵返回北京。我爸開車，帶著我媽送我，我媽嫌車裡冷，拿了羽絨服要給我蓋腿，我還是粗魯地拒絕了她。

其間她看我不說話，看了我好幾回，我跟他們說我在書裡看過，也聽人們說過：「世界上很多關係都是從分離到結合，比如夫妻、朋友，但只有跟父母的關係，是從結合到分離，且不可避免。」

他們聽了也只是說：「嗯。」

世間多少捨不得，中間藏著來不及

　　傷心和失意是會傳染的，這種傳染速度遠遠超過開心和愉快。人們嚮往美好沒錯，但時常是苦痛的記憶讓一個人成長。深刻記得的往往不是哪個夏天喝了一口沁心的啤酒，而是哪個夏天有個人突然就不見了。

　　前不久我在社群平臺分享了最近的心酸瞬間，其中之一就關於我的朋友，她的父親最近去世了，是因為癌症，不是故事裡的「患病多年」，而是在查出病症的一年後，沒有發生傳說中的奇蹟，就被死神帶走了。

　　得知這個訊息的時候，已經是朋友父親過世的一週後，她並沒有來得及和朋友們交代，事情就結束了。悲傷的情緒因為後事的忙亂，被沖走不少。等我知道的時候，她已經稍稍緩過神來。我們視訊聊天時，我小心地不去碰她這個傷口，還是傻乎乎地跟她聊減肥，聊化妝，聊她最近有沒有交男朋友。可心裡難免好奇，還是憋不住問了她心情如何。她的鏡頭剛好晃了一下，我看到她父親的照片，被黑色的鏡框框著，悲傷從心底生出來。這時她說：「我就當他在外面，還沒回來。」

這一句話講出來，我眼淚「刷」地掉下來，止不住地掉。可能有人會覺得奇怪，覺得我矯情，那是因為我想到了我的爸媽，跟朋友爸媽基本同齡的，我的爸媽。

前幾日公司的財務姐姐帶著小孩來公司，她的小孩是個女孩，非常乖、非常安靜地坐在角落裡寫作業，經過的同事會跟她打個招呼，她也只是張大眼睛看著其他人。我看著那個小女孩，突然想到我小時候，也是類似的經歷，只不過不是在父母的公司等他們下班，而是在批發市場等父母採購結束。

那個時候跟著媽媽，她騎著她的白色摩托車，到離我們縣城車程半小時的批發市場，採買我家小賣部需要的商品，時間很長，大人們總在糾結哪些東西是不是買貴了。我等得很累，在攤位地上的編織袋上睡著了，睡了多久不知道，媽媽找到我的時候滿頭大汗，又哭又笑，邊罵我邊拉著我走。

這個記憶一直留在我心裡，很多年後跟媽媽聊天，原來也留在她心裡，她說覺得對我很抱歉，那麼小的年紀，跟著大人四處奔波，也沒讓大人太操心，安穩地長大了。她覺得這是件難得且幸運的事情。

越長大越不吝嗇地跟父母撒嬌、討歡心，好像越長大越「沒皮沒臉」。但也是在寫下這些文字的時候，我突然想到，可能是因為我知道來不及了。如果我這個時候不多像小時候

一樣撒嬌，不多像個孩子一樣跟父母相處，以後機會可能會越來越少。

　　長大後捨不得父母受罪，所以在跟他們出去玩兒的時候，無論多少錢，我掏，只要他們覺得開心就好，只是希望在有限的時間裡，能讓我的愛意表露得更多一些。再吵再鬧，也還會因為心裡被他們暖過的一小寸，變得不敢暴怒。

　　怕來不及對他們好，所以捨不得他們不好；

　　怕來不及讓他們看到想看的一切，所以捨不得因為自私讓他們看不到；

　　怕來不及告訴他們我有多愛他們，所以不吝惜地一次又一次跟他們表達愛。

　　世間多少捨不得，中間藏著來不及。

在外漂著的人，在每個春天回家

剛剛過去的半個月，屬於年前集中忙碌的半個月，來來回回因為一個不算很大的專案跑前跑後，生氣，加班。到真正結束的時候，這些都化作一聲嘆息，長長地舒出來。這段時間和父母的聯繫極少，本來還有一週一到兩次的視訊聊天，這段時間也基本沒有了。

時不時會覺得虧欠和愧疚，所以在他們平時要我幫忙網購的時候，我都會掏自己的腰包，好緩解一下內心的愧疚感。

上個週末我和 K 參與了一個答應他朋友很久的街頭採訪，中間有個小試驗，給家裡人打電話，跟他們說過年不回去了，看看他們的反應。K 一早就預料到這種事情不能跟他媽媽講，因為她會極度崩潰，相比之下神經大條一點兒的我媽就成了這個「整蠱對象」。一開始電話打不通，打通後我媽因為沒有聽出我的聲音就掛掉了，再用微信語音才打通。一家人嘻嘻哈哈地說忘記存我的電話號碼了，我也哈哈幾句，說有個正經事要宣布一下，我媽以為是我們商定結婚的事情，沒承想是說春節不回家。於是，她的語氣瞬間變得激

動，直言：「好失落啊，熊孩子，難道晚一天也不可以嗎？」說到這裡，我的聲音開始顫抖，悄悄哭出來，趕緊找個藉口掛掉電話。朋友還在採訪我什麼心情，我只覺心裡悽楚，哭到說不出話。緩了一小下，我才能正常說話。

結束錄製後，我趕緊給媽媽解釋，她這才放下心來，再三確認我是在逗她吧，春節真的是要回家的吧。那時我心裡只覺得自己真是個罪人哪。

說到回家的次數，從高中的每天，到大學的每個寒暑假，再到工作後的有限幾天，在家的日子越來越短，雖說人生還有兩萬多天，但細細算起來，父母已經沒有那麼多天來等待我們。一面是大城市的所謂「發展」，一面是小縣城的家人，雖是殘忍的決定，但大家還是會先選擇看向未來吧。而那個故鄉，就變成了遠遠的存在。

我從來沒覺得父母是溫柔的，他們給過我暴虐不安的童年，我也很少覺得父母子女之間是有愛的。可年齡漸長，見識到的事情越多越覺得，其實他們都是很溫柔的人。溫柔的人也不是時時會把春風一樣的話掛在嘴邊，而是把苦難挪到別人看不見的地方，默默消化。

每逢年底，總覺得自己一無所獲，賺到的錢寥寥無幾，想回報又不知道要拿出什麼好，在年關踟躕徘徊，想像著來年應該會比現在好吧，至少不會一無所獲。懷著這樣的念

頭，才能一年又一年地前進。

　　我知道，回到家裡，肯定過兩天就會和爸媽拌嘴，會煩他們的愚昧，會覺得這個縣城真小啊，走幾步可以走到小時候覺得很遠的地方。我睡覺的地方只是一張小床，媽媽會跟我抱怨家裡好冷，想要住進新的房子，爸爸年紀更大一些，比我想像中要老得明顯。家裡雜事紛亂，之前見過的大人，還在世的有幾個人呢？

　　我也知道，說是要好好陪伴父母，每個下午還是會用一兩個小時見見朋友，聊聊八卦，聽他們的近況，即使早已與我無關。然後爸媽會叫我早點回家吃飯，而我可能到了飯點兒會打電話說不回家吃飯了，忽略父母的失落。

　　我還知道，再過幾天我就想要開始工作，又陷入「工作有什麼意義」和「留在北京幹嘛呀」的疑慮之中，然後和 K 平淡幸福地過日子，父母會慢慢退到我人生的第二順位。

　　即使事事都知道，也偶爾想要反著來試試看。就待在家裡，待在他們身邊，聽他們嘮叨吵架，拍他們的皺紋，講對新房子的期待，少去見朋友，和他們商量來年的出行計畫……試著挽回那巨大的愧疚感中的一小點兒。

　　在外漂著的人，在每個春天回家，在春天還沒結束的時候離開，在下一個春天再回來，而這樣的春天不知道能有幾個。

　　我想說的話是：「即使相隔很遠，即使沒法天天見面，我希望他們不要擔心我，希望他們擁有自己的生活，自私一點兒，多想想自己的玩樂。而我，真的是一個很幸福的孩子啊。」

你要開始一個人生活了

你今年虛歲二十三，或許還要再小一點兒。

你從大學校門走出來，前一刻你還在忙著擦告別的眼淚，跟大學同學的分別，讓你不捨，你雖然嘴裡說著「現在交通這麼便利，我們想要見面的話，一張機票就可以立刻出現在對方面前」，但你心裡明白，此去經年，也許再無想見之期。

馬上你就要擦乾眼淚，坐上開往北京、上海、杭州、廣州、深圳、成都的列車。車子開出後，你流盡了大學最後的一些淚，開始為未來擔憂。前方會有怎樣的妖魔鬼怪，又或者蜜糖誘惑，這些都是未知的。但無論怎樣，你總是相信未來是美的，路的盡頭就是夢想，城市的夜晚亮著不滅的燈，商場說不定都是通宵營業。

在緊張、憂慮的同時，你還有更多的期待。未來似乎就在自己手裡，你的未來將要交給自己做主了，爸媽再也無法過多干涉你的生活，他們都是普通人，沒有通天的本領，也許在老家做個公務員或者老師，他們還能幫忙說說話、託託關係。你知道，今後一切都要靠自己了。

　　下車後，第一次迷茫來臨了。地鐵線路那麼多，說前方在腳下，可腳下的箭頭也指向不同的方向呀。你該選哪一條路，那條路是否通向你的夢想？你不知道，沒有人知道。你唯有走走看，嗯，下定決心你就走走看。

　　投履歷、面試、回答許許多多重複的問題，你在前三家面試時還躊躇滿志，初生牛犢不怕虎般地應對，但投出去的履歷再也沒有回信，你甚至接不到面試的通知。你開始擔心，自己帶的錢還夠在這個城市撐多久呢？

　　你仍然是宿舍群裡最活躍的那一個，大家問起你的大城市打拼之旅，你也只說了好的那部分，只有最親近的人知道你碰到的挫折，但你們都保持默契，誰都不說，因為別人也是一樣的。

　　終於，有家不好不壞的公司發了 offer（錄取通知）給你，工作職位談不上非常喜歡，但是也沒有很差勁，你心裡以為可以在大城市有一席之地了。接下來你處理租房的事情，這些地方的房租都太高了，實在難以想像，家裡三四百塊就可以租到不錯的房子，在這些地方，這只不過是一個零頭。你打通家裡的電話，問他們「借」幾千塊，應付一下這幾個月的房租，你特意說了「借」，是因為你覺得現在你要自食其力了，即使藉助家裡的力量，也想著有朝一日要還回去。可是，你知道嗎？在媽媽的眼裡，你在外面已經夠不易

154

了，怎麼可能還叫你「還」呢？人情是還不清的。

你住在了距離公司十多公里的地方，通勤要一個小時，每天有兩個小時在路上。房子是個老社區，剛租下來，馬桶非常容易堵，而隔壁鄰居是個不太愛乾淨的人，她只在乎外在光鮮，從來不會想著清理公共區域。偏偏你又愛乾淨，所以倒廁所垃圾的事情就變成你一個人的事情了。

你的房間屬於隔斷間，沒有鎖，也沒有燈泡，只有一個介面。你跑去超市，買來燈泡，卻發現型號不對。你第二次發覺一個人生活真的好難啊，你想哭，但是又哭不出來。電話裡跟爸媽隨便說著，也不敢說太多，想著一個人總得學會解決這些問題。

時間一天天過去，租房問題磕磕絆絆地搞定了，你也開始學著工作。難的部分似乎都過去了，你要開始享受美好的部分了。

你的城市，週末有各式各樣的活動。你像一隻花蝴蝶竄來竄去，希望可以結交一些有同樣愛好的朋友。當然你也有了一些人的聯繫方式，回來想著要開啟話匣子，跟對方聊聊在這個城市的孤獨、收穫和不適。可是卻不知道怎麼開口才好，考慮說點兒什麼的時候，時機卻過去了。也沒有交到真正的朋友，可你還是想要再試試看。

身為一個成年人，孤獨的時候太多了。上班還好，上班

的時候還可以和同事們聊聊天、開開玩笑，大家看你年輕，還會逗你。如果你性格很好，說不定有些不錯的哥哥姐姐，能在工作中幫到你。可是下了班就完蛋了，這個時候你寧肯加班，因為回到家也不過是孤孤單單一個人。

　　一個人吃飯，太貴的偶爾點一次，日常就是小吃攤。好在路邊有許多小吃攤可以吃，牛肉寬麵、東北烤涼麵、蔥抓餅、涼皮涼麵……要說果腹其實也差不多了。可是聽說這些小攤位都會被整治，不允許出現在你社區附近。你開始思考：是否需要做做飯了？最後買了廚具、食材，可也還是沒有每天做飯。一來太麻煩，二來一個人在家吃飯，自己做飯，自己吃掉，自己洗碗，似乎有點兒太孤單了。可是你忘了：你還有一個人去火鍋店的時候嗎？那個時候的孤單不是更強烈嗎？

　　你把這一切都適應了，你可以一個人生活，你可以一個人去看電影，你可以接受沒有人一起出去玩兒，你也可以全盤接受這些看著沒那麼好的部分。可你仍然想要更好的。

　　你也學會去跳舞了，喝七十一元一杯的酒也不覺得怎樣，多了就別點了。外面的世界也不知道都有什麼樣的人，你還是要時刻保護你自己。

　　想談一場成年人的戀愛。但現在成年人的戀愛，需要兩個獨立的人，你不知道你算不算真正的獨立。可能你會遇到小氣

兒的人，不聽解釋的人，很愛生氣、很任性的人，他們可能都還沒有找到自己，也沒有真的獨立。不要緊，你肯定會遇到同你一樣獨立、美好的人。你們是兩個獨立的靈魂，知道彼此在人世間，一個人也能活得好，但兩個人在一起，會得到一加一大於二的結果。你現在等不來，不要緊，耐心一點兒。

你終於學會一個人在家裡靜靜地看書，找來經典電影一遍遍地咀嚼裡面的細枝末節，你會在高興的夜晚，到樓下看看月亮、星星，你偶爾會在家裡微醺，聽著音樂，沉醉著，很開心。你也可能養了一隻寵物，牠是一隻壞脾氣的貓，平時不理人，也根本不把你放在眼裡，可是在你因為工作焦頭爛額、因為壞情緒哭泣難過的時候，牠會跑過來蹭蹭你的腿。牠真神奇，一蹭一抱，你的心情居然就好起來了。

你在網上看到一個部落客說：

1. 接下來，你要真的開始一個人生活了。
2. 開始會艱難，但不會過不下去，你要開始計劃你的生活，你要為你自己真正地操心。
3. 你要嘗試去和真正的自己相處，向自己內心多問問：你是誰？你在哪兒？你在做什麼？你以後想做什麼？為了做成什麼你應該要怎麼做？
4. 慢慢接納自己，然後再去想什麼是熱愛的，什麼是需要堅持的。

5. 你會建立新的社交圈，你們不一定是從小一起長大的，但你們會是價值觀吻合的朋友。

6. 你也會碰到你心儀的男生／女生，他／她跟你的靈魂是契合的，而不是他／她只是適合過日子給你安全感把錢賺回家就行。

7. 你已經一個人生活了一段時間，可能是半年，可能是一年。那些艱難的生活也沒有完全過去，但她說得似乎沒有錯，你在朝著更好更適合自己的方向去。

你還記得廖一梅有句話是怎麼說的嗎？「我經常有那種感覺，如果這個事情來了，你卻沒有勇敢地去解決掉，它一定會再來。生活真是這樣，它會一次次地讓你去做這個功課直到你學會為止。」你要勇敢起來，畢竟生活總得一天天過下去。

你只要在心裡默唸「不要怕，這是個既美好又糟糕的世界，你只要盡力去做個溫柔獨立美好的人，去付出努力，哪怕只是改變世界一小點，你的未來就不會壞到哪裡去，一個人生活也不怕的」就好了。

不要害怕戳破生活的假象，不要為了慣性而活著，不要不進步。

Chapter 3

這時候，容我胡思亂想一下

放棄待辦事項清單

　　一篇文章開頭要怎麼開，是我非常焦慮的一件事情。又想要寫得精采、獨特，又想要平實、真誠，要兼顧兩方面的時候，會覺得好難，非常難。就像一年的開始，或者結束，該怎麼開始和結束，才能讓這一年顯得獨特一點……每每想到這些都會有些焦慮。

　　每年年底的時候，我會整理自己在年初列的 To do list（待辦事項清單），連續了幾年之後，發現一個真相是：似乎每一年的計畫都沒有太大的變化。那我列的意義又在哪裡呢？人類也搞不懂人類的想法吧。

　　偶然間在社群平臺看到一個話題：新年放棄待辦事項清單。突然戳中了我，對呀，我們年年都列必做事項清單，但其實隨著年歲漸長，放棄有時反而比追逐顯得更重要一點兒，因為那意味著放下一些什麼，我要開始「重新做人」了（當然有言過其實之嫌，但我看到的時候，心裡油然升起這樣的念頭，也是很神奇）。

　　我整理了自己的想法和社群平臺評論的回覆，發現了當代年輕人還是有非常相似的地方，且聽我細細道來。

放棄無謂的浪費

過度包裝，不經過大腦慎重思考的購物，吃不掉的飯菜，只穿了兩次的新衣服，一時嘗鮮買下的八公分的紅色高跟鞋……我理解購買的當下，可能是讓自己走出安全區，去冒險嘗試一下自己沒有涉及的領域，可是嘗試過後發現自己還是要怯怯地走回安全區，因為那個區域其實才是真的適合自己，讓自己最舒服的。

希望自己減少無謂的浪費，思考再三還沒有下定決心買的衣服，那一定是不需要的衣服，猶豫穿著上街會不會尷尬和不舒服的鞋子，那一定是不需要的鞋子……早知如此何必當初，扔的時候才知道當時買得並不合理，不如從一開始就不要亂下手。

放棄比較：物質物品的比較，還有與人的比較

包包是不是奢侈品牌不重要，坐地鐵的時候，再貴的 LV 也會被擠到。人人都可能有這種經歷，我也有，當我擠地鐵的同時還需要保護包包，我就累了，還不如背一個便宜的帆布包，怎麼欺負它都沒關係，心裡瞬間變得輕鬆無比。

上面這是一種物質的比較，還有一種內在的比較是：別人那麼好，自己怎麼這麼平凡？放過自己吧，別事事都和別人比，別為那個平凡的自己感到失落。人總會回落到地面

上，發現自己的平凡，接受自己的平凡，然後在地面上開出一朵最簡單的花兒。這不是也挺好的？

放棄追求潮流

潮水漲上來的時候，我知道我們都沒有能力避開，但是我們是否有能力堅守住自己的一根稻草呢？

每年都有潮流：穿衣的潮流，髮型髮色的潮流，讀什麼書的潮流，看什麼電影的潮流……人們有喜歡追著熱點跑的天性，但我想肯定有不追的人，也肯定有逆著來的人。而我想在新年做一個不追的人，畢竟跑步太累了，當我們追一個潮流的時候，另一個潮流已經要拍打上來了，我們永遠無法跟上它的步伐，還是算了吧。

放棄追尋人生的意義

生命本沒有意義，很多人都這樣講過，周國平就是其中的一位。意識到這一點後，不要轉頭瘋掉或者失控，不要循著「無意義」走下去，而更應該去相信他的另一句話：「人生本身是沒有意義的，但是尋找人生意義這個過程是有意義的。」為什麼這麼說呢？因為我們所做的事情都是在重新創造意義。

放棄追尋人生的意義，轉而去創造人生的意義。微小具體的事情，都可能使人生有了意義，不要放棄這部分的樂趣。

以上是我想到的我的放棄事項清單，我還整理了一些網友的想法，想試著融入一些我自己的觀點，不一定對，大家聽聽看。

有人說放棄愛情、養生或者其他，拚命賺錢。

我想說，雖然錢很重要，但肯定不是最重要的。有很多快樂是錢買不到的，而錢能買到的快樂也只是一瞬間的。我知道有很多事情很複雜，譬如愛情，譬如人與人之間的關係，可是世界的美麗不就是因複雜而構成的嗎？

你知道朋友是怎麼形成的嗎？是你欠我一次人情，我還你一次人情，彼此相欠，彼此供給，由此互相成長才形成的。

人和人的關係都是由麻煩構成的，這確實複雜了一些，但也確實富有魅力，因為下一個選擇怎麼做，都是懸而未決的事情。這份神祕，多吸引人。

所以不要為了賺錢這件事情，放棄其他更有趣的事情。

有人說放棄維持表面關係，放棄無意義的社交，我附議。

有人說放棄做不快樂的或者別人希望的自己，我附議。

還有人說放棄制定計畫、目標。但我還是做了一個放棄事項清單……

整理完這些，我想絕對不能放棄的，肯定還是愛、美和自由。就讓我倉促地結束這篇文章，進入豐盈的、新的一年吧！

人生總是起起落落

這一個月過得像一個世紀一樣長，每週的時間被拉到無限長，有時候我真想一覺醒來，發現眼前種種皆為夢境。可現實不是夢境，所以該受的還得受著。

氣鼓鼓地攢了一些委屈，本來以為我能說很多，能倒出所有我想傾吐的情緒上、心理上的垃圾，臨下筆才發現，其實不過如此，能說出口的痛苦也不過是些慢慢會變得小到不能再小的事情，而那些巨大的痛苦必定是難以說出口的。這麼想來，這段時間的凡此種種都不過是日後的小事一樁，時間跨度也不會很長，大概是一個月之後即會產生這樣的想法。

每年的四月貌似都過得不太平，去年的四月喜歡的男生喜歡了別人，興沖沖地奔去她的城市，而我一個人跑去杭州，全程都被一股情緒牽動著，想著「我要玩兒得比他好，我要玩兒得比他好，我一定可以玩兒得比他好……」結果是我在雨裡遊玩了好幾天，一個人徘徊，假裝很開心、很享受一個人的時間，其實結局是我輸了，他玩兒得好過我，我變成個敗北的將軍，但也得咬著牙兌現之前吹過的牛。

　　這個四月則好像一直在磕磕絆絆中度過，工作像是在坐船，一不小心就會翻船，或者一個大浪打過來，人就得在晃悠徘徊中緊張地站好。當然也怪自己是個疏忽大意的人，需要付出幾次代價才能糾錯，成年人就是不斷為自己的錯買單，只不過希望這單子要付的代價小一點兒。昨天還和朋友討論，好像在工作中很多人都覺得自己的付出和得到不成正比，不只工作，情感、家庭、人際關係都是如此，每個人都委屈，每個人都這樣覺得。

　　對工作其實沒什麼可指摘的，不過是適者生存。覺得合適的、舒服的就做，沒那麼適合的就除錯，除錯不來就換別的。別那麼看重，現在的社會真不會讓人活不下去，不過是我們都想活得更好罷了。

　　前天晚上我跟 K 游泳回來，坐在沙發上突然崩潰大哭，雜事很多，沒一件可以立刻解決，而他這週每晚都有新的問題要跟我講，內容基本都是我不好的地方。原來沒有人是沒脾氣的人，被唸了太多的不好，我也會有脾氣，且不知如何應對，累積了三四天的怨氣，終於在前天晚上爆發了。開始擠眼淚的時候，心裡怨恨眼淚怎麼還沒流下來，擠了一點點後開始越流越多，到最後止都止不住，K 則忙活著先把泳衣洗淨晾乾，歇下來才看見我哭了。先是坐在我身邊抱我一會兒，讓我在愛人的肩頭哭一下，說我哭得好好笑，還

三百六十度拍影片記錄。

　　人可能真的會有突然崩潰大哭的時候，也許是體內淤積怨氣的氣泵終於滿了，不得不放出來一些，不然會憋壞，最後生病。所以啊，有怨氣的時候，還是要想辦法發洩出來，選合適的方式，不要一個人憋著，也別找消極方式。

　　這可能是我產出內容最少的一個月，劇本只完成了一個，文章只寫了一篇，電臺節目也只錄了一期。新關注我的朋友可能不理解我很多時候都會說「謝謝你不會走」，我是真的謝謝他們願意等我這種更新慢的部落客。希望度過這個沒什麼特別好事發生、人又很低迷的四月後，就是熱情奔放、努力向上的五月，我會迎來創作噴發的時候。

　　這段時間最大的體會就是人生總是起起落落，但是「落落」的時候似乎比「起起」的時候多。但還是會有不少人願意相信「落落」之後肯定還會有「起起」，就像剛剛我在社群平臺問「你們的四月過得怎麼樣」，很多人都說不好，但也有人說「有點糟，但在努力變好」。我覺得有這樣的心態，人就不會一直頹下去，「落落」的時間即使長一點兒，也一定會有「起起」到來的。

三月五日我想得特別多，沒有具體含義

　　地鐵十三號線，有一節很長很長的路是暴露在外面的，不是「地下鐵」，而是「地上鐵」。在地鐵行駛的過程中，我總喜歡安靜下來思考，晃悠徘徊之間形成的想法，像是一場祭祀，就發生在我坐地鐵的這些時間裡。

　　路過一片有很多樹的地方，春天還太早，還不到樹木成林的程度。有零星幾個人走在其中，看得出道路寬闊，或者說過分寬闊了一些，每一條樹林間的路上，就只有一兩個人走著，我不確定他們的年齡，但突然有些羨慕。乘地鐵去高級辦公樓上班的人，和沐浴在陽光下的另一部分人比，不知道誰更快樂。

　　這段地鐵之後會路過很長一段和高速公路平行的路段，我既在地鐵裡看過公路上的汽車，也在汽車裡看過軌道上的地鐵。兩種感覺是非常不同的，在地鐵裡看的時候，總覺得汽車裡的司機是自由的，他們的車開往北京的各個角落而不受限；在汽車裡看的時候，又覺得地鐵可真棒，它只有短短的那麼一截兒，開過就開過了，而汽車前面還有很長的一段塞車，什麼時候是個頭兒呢？

　　生活什麼時候是個頭兒呢？什麼又是「頭兒」呢？

　　出十三號線，換乘。擋在我前面的大個子男人穿著牛仔外套，衣服背後有一行字──「Silence is an answer too.」如有神助，當我尋找答案的時候，前面的人告訴我「沉默也是一種答案」。對啊，我不必張口說，不必到處問別人：什麼是意義？什麼是生活的意義？怎樣的生活需要過？而我又該拋棄或者迎接怎樣的生活？生活好像並沒有待我不公，而我又為何偏偏總覺得差一點兒我就滿足了？

　　長──長──長──長的一段路，我腦袋空白著，遵循著前一個人衣服上的警告，保持安靜。空白的同時我也在想，大概是因為我沒有什麼祕密吧，既沒有私房錢，也不需要謀劃一些奇怪的事情。沒有祕密就沒有了刺激，刺激是生活的調味品，是辣椒，是吃了會拉肚子，但下次還會想要吃的東西。

　　轉眼間十五號線的門口，聚集了很多人，算了，每天都是這麼多人，早就見怪不怪了。世界是什麼時候生出這麼多人的？真是一個好問題。繁殖是人類最原始的慾望，現代生活的無謂忙碌則成了謀殺慾望的一大殺手。偏偏你對這忙碌啞口無言，因為一窮二白，因為只要一停下來，說不定就無法活命。我最近看的《富爸爸窮爸爸》裡就提到這個觀點：恐懼和慾望是阻礙人民致富的絆腳石。當然原話不是這樣講的，我只是在整理自己的筆記時下意識地這麼一寫，我要把我的讀後體驗錄成影片，和陌生的朋友分享我的觀點，大家

贊同也好不贊同也罷，日子過一過就知道了。

每個人都守著那一方小小的閃光的螢幕，有的五點五寸，有的再大一點兒，它們被稱為智慧手機，而使用它們的主人眼睛老是不離開它們。我甚至都擔心他們找不到對象，手機阻礙交友，沒發現嗎？我帶你看啊，左邊門旁邊站著的那個姑娘其實很適合右邊門旁邊站著的第二位男士，但是他倆都低頭玩手機，沒有眼對眼的機會，更沒有火花產生的名場面。

我不知道現在還流不流行偶遇這件事情，我已經很久不關心流行的事情，對近三年流行起來的大明星們知之甚少，也很少關注電視劇。所以我非常討厭在地鐵裡因為用手機看電視，而擋著後面來人步伐的人，總覺得他們沒什麼公德心，嘿，你不著急上班，後面的人還著急呢！但我曾經很相信偶遇這件事情。

有一年的春節假期，K叫我去地鐵站接他，他手機馬上沒電，我們倆沒有交流在哪個門見面，我只能估摸著大概的時間，就跑進地鐵站，站在某扇門前，直覺告訴我就是下一輛了，就是這個門了。果不其然，他剛好站在這扇門裡，看到我就衝出來抱住。什麼周圍人群，什麼世間萬物，什麼明天要上班，什麼績效獎金，都不抵情人碰面時深深的擁抱。

說到K，他是好，我覺得他就該被人愛著，不然就是上天的失誤。但沒有人是十全十美的，我們也會有摩擦的時

候，而我實在過分膽小，遇到這種時候，總想逃避，就像面對我的財務問題，以為只要視而不見，問題就會不見了，或者逃跑，跑到不能跑為止。偶爾覺得他不可愛了，也想跑，躲得遠遠的。

但成年人不能對抗的一條準則，就是面對。無論多糟糕、多手足無措，也要面對。地鐵來了，我看到地鐵門上面映出我的模樣，沒有表情，不在狀態，不可愛也不性感。在二十八歲的前三個月，我就開始陷入年紀焦慮，關鍵是我也不知道在焦慮什麼。真是一件奇怪的事情。

回到辦公室，我想要把我在路上飄忽不定想到的這些東西都寫下來，習慣性戴耳機敲字，放張懸的歌，聽過無數遍，但還是喜歡聽。剛剛好播到《危險的，是》，裡面有幾句話：「活到現在，放眼望去日子已是多麼地安全。可我為什麼覺得那麼的、那麼的危險。危險的，在狠狠地咬我但不露臉；危險的，是我冷漠的心啊、你汗溼的手。」

我知道了，我已經安全地過了很久，沒有去創造驚喜和意外。我在想給我的文章起個什麼標題好呢，但又覺得我又不是標題黨，標題永遠無法取代正文，就像很多人無法取代 K 一樣。那，我去想辦法創造一些意外和驚喜吧，春天到了，大家也不要窩著了，我準備叫這篇文章為《三月五日我想得特別多，沒有具體含義》。

去做點兒微小的事吧，比如跑步

　　春末夏初時你要開始跑步，趁著天氣還沒那麼熱，跑步尚且能受得住。去跑步吧！知道跑步不是你擅長且喜歡的，但它確實是讓你能快一點兒、有效一點兒掉肉的事情，所以你還是老老實實地照做吧。

　　世界上有很多你不擅長或不喜歡做的事情，比如上班，比如變成一個人見人愛的人，但你知道做了這些事情，會得到比付出多得多的回報，你還是會照做不誤，所以本質上我們都是貪婪的人，貪圖的東西可能不一樣，但「貪」的這個念頭卻是一樣的。比如你去跑步，你貪圖的是別人的好身材，你想要獲得，那就只能這樣。「你」，不僅僅是看我寫東西的「你」，主要還是我自己。

　　村上春樹是一位跑步愛好者，為了總結自己跑步的心路歷程，專門寫了一本《當我談跑步時我談些什麼》。我覺得這個人很奇怪，跑步能談什麼呢？跑步氣喘吁吁的，跑完心跳加快、汗流不止，真想下次不跑了，有什麼好談的呢？居然還能成為一位跑步愛好者。愛好跑步這件事兒，在我沒跑步之前是我從沒有想過的。

　　當然對那時對跑步毫無熱情的我來說，我是不會看這本書的。

　　後來也沒看完，只是記住了一些內容。比如毛姆寫過「任何一把剃刀都自有其哲學」，大約是說，無論何等微不足道的舉動，只要日日堅持，從中總會產生出某種類似觀念的東西來。

　　說到這種「微不足道的舉動」，那我可是有太多了。那些短期內看不出有什麼成效、對生活有什麼幫助的事情，有時候看著挺蠢的，但時間久了好像又會產生一些變化。比如寫文章，比如做電臺節目，再比如持久地愛一個人。這些微小的事情組成了我工作之外的全部生活，當然現在是愛一個人組成了大部分生活，和他日復一日地相處，想他變成我的貓，只黏著我就好。而寫東西、做電臺、跑步等，則是少數我一個人才能完成的事情。

　　第一次認真地對待跑步，是我第一次失業的時候，有很多事情搞不明白，自認為做得很好，為什麼卻被委婉勸退了呢？懷著巨大的憤懣和疑惑，其實更多的是突然擁有了大把的時間，不知道該怎麼處置。上班的時候總抱怨休閒的時間不夠，等到有了充足的時間去休閒，就又會嫌棄時間太多，才知道平日繁忙裡的休閒是最珍貴的。而也就是在那之後，我才真正體會到跑步這件小事給我帶來的改變。就如同前面

說的，微不足道的舉動，堅持一下，真的會產生某種類似觀念的東西。

微小的事情，一開始不知道為什麼要做的事情，抱著一點兒喜愛的心情去做，然後堅持，就容易發生不可估量的化學變化。

減肥自不必說，誰都知道的「六字箴言」，但真堅持下去的沒多少個，所以那些能成功的人，我都很佩服。一個人連自己的慾望都能戰勝，還有什麼是不能戰勝的呢？一個人連那種沒意思的小事兒都能堅持，還有什麼是忍耐不了的呢？

去跑步吧！這樣說，是為了給我自己，還有除了我自己之外的人鼓勁兒，想獲得的前提是去付出。想六七月拍照時穿衣服好看，就要早點兒跑起來；想要完成一本書，就先從一篇文章開始，並且要一篇一篇不斷地完成；想要獲得一個人的愛，這個比較難，不說了，但有一點可以提，可以先從關愛自己和誠心誠意、不計回報地去付出開始。

人間到底值不值得？

　　突然一夜之間，很多人都學著李誕說一句話：「人間不值得」。好像很多人覺得說著這句話的自己非常酷，非常有個性，恨不能下一秒就上臺表演脫口秀了。但真的要說，比這句話更早一點兒的是「算了算了」。

　　這是什麼態度啊？啥事兒啊就算了？但我好像也是突然發現很多年輕人都喜歡說「算了算了」。可能這些人是怕麻煩吧，但整個世界和人生一定會有麻煩啊！

　　人間到底值不值得呢？我也不知道，有的時候覺得生活很難，有太多的截止日期和無可奈何等著我，但木心也說過：「人間真可愛，實在值得天使下凡歷劫。」所以，一定程度上還是值得的吧。

　　我最近的變動很多，其實說多也不多，不過就是換了個工作。與之前的體驗不同的是，這次離職我全然沒有難過，全然沒有捨不得。唯一一次動情的時候，是在最後一天回家的路上，在地鐵裡站著，要退公司群時，耳機剛好放著 IU 的一首歌《這樣的 Ending》。一字一句地敲了跟大家告別的話，雖然很多人都已經知道我要走的事情。

　　淚水開始打轉，但最終沒有流下來，下一場朋友聚會馬上開始，我告訴自己不能哭。我突然鼻酸，是因為馬上就要由自己親手切斷和這些朋友的聯繫了。就像每一次分手，切斷聯繫的那個人其實並不快樂，但他知道，很快自己就會忘記這件事。

　　人其實是健忘的動物，但人總是忘不了情分。我跟好幾個我喜歡的同事說等大家都安頓一陣子，來我家吃飯。這樣做是出於我想把這份情感延續下去，變為真正的，不是因為同事禮儀才必須要打哈哈的朋友。

　　你說值不值得？值得。沒人能說自己離開朋友可以活得很好，說活得很好的人希望不是在撒謊逞強。

　　我難得一個人跟父母去玩耍，上個月中實現了一次。一天傍晚，我們仨坐在湖邊的長椅上，周圍來往的人很多，我的注意力卻只在我們三個人身上。我教媽媽怎麼用手機軟體拍動圖，媽媽給爸爸拍，我指導她，她拍他。天氣很好，雲朵很低，水很藍，「風乍起，吹皺一池春水」。晃盪的日子過得真是閒適，什麼煩惱都沒有，最愛的人們在身邊，這樣的日子真值得延續下去。

　　雖然我知道父母心中有諸多不安全感，諸多對彼此半輩子的積怨，諸多生活的一地雞毛，但又如何？逃避更可恥。

　　難得的加班夜，我趕完手裡的工作，頭也不回地朝家奔

去，家裡還有人等著我呢。我可是有男友萬事足的人，一想到他在家裡等，就不願在路上耽擱一秒。走在路上，人很少，快到家門口的時候突然不著急了，特意放慢腳步想要試試之前一個人的感覺。我習慣性地看看月亮，可當晚的月亮被雲層遮著，我只好想像它的模樣。剛好聽到一首歌，來自Sting，歌裡的溫柔和當下的氣氛很契合，於是在手機裡寫道：「我是男朋友至上主義者。」 —— 頗有朱生豪那種「我是宋清如至上主義者」的勁兒。只要想到他，就覺得活著很好。

現在已經很少去思考值不值得的問題，年歲漸長，我的體會是，人的稜角不會完全消失，但內心會變得柔和。這份柔和又是有力量的，是可以支撐自己生活的力量。

我隨時可能失去現在擁有的一切，我也不知道未來會怎樣，毫無疑問，只有握緊當下的，才好去談值不值得，才好去談人間吧。

我啊，可能只有溫柔地改變世界的一點點了

十一月第四個星期四是美國的感恩節，英文是 Thanks-giving Day，字面意思是「感謝給予」。每到這個時候，美國人都會闔家歡聚，一起來感恩被給予的一切事物。在各種外國節日「入侵」的今天，唯獨「感恩節」是最讓我覺得值得被引入的。上天給予的食物，父母給予的愛，朋友、情人給予的關懷，這一切，是值得每個人去感謝的。於我而言，我可能要感謝一下這一年在成人世界裡，漸漸學會成人規則的我自己吧。

很多個早上我擠在地鐵車廂內的人群之中，人與人之間沒有尊嚴可言，大家一致的目標是：擠上車，上班才能不遲到。我在地鐵裡常會突然失神，我們做這一切到底是為了什麼呢？如果只是為了錢的話，那大可不必啊，但要說為了夢想，可能又有很多人要出來嘲笑「都什麼年代了」。

在北京真的會目睹有人失望離開，然後會忖度：下一個人會是我嗎？一面覺得「走了好哇，不用再忍受狗屁交通了，地鐵擠不上去，擠上去也沒什麼形象。不用再忍受高昂的房租，還要擔心有漲租的可能。走了好哇，走去更廣闊的

天地，歸去來兮，罷了罷了」，一面又覺得「似乎去了其他城市，便難有看上去體面的薪資水準，更別說那些支撐著每一位上班族脆弱但又重要的虛榮心」。權衡利弊的時候，突然發現，啊，這就是長大啊，我在成人的世界裡過得疲憊不堪。

而就在某一天，在擁擠的地鐵裡，我突然想：我在幹嘛啊？不是連我都在勸別人要過喜歡的生活、選擇喜歡的工作嗎？我做到了嗎？顯然沒有。我變成一個普通的大人了，逃無可逃的、必須往前走的大人。

哪兒是成年人的避難所？不一定是家，所謂的「家」是租來的；不一定是情人的懷抱，因為很多人沒有情人。真正的成年人的避難所，是每間關起門來的洗手間。我總能在洗手間門口聽到嘆息，也總會聽到有氣無力地講電話的聲音，更多時候則是沉默，巨大的、如深洞般的沉默。

等等，寫到這裡怎麼感覺我這麼喪呢？按道理，不是這樣啊，我想說的難道不是「即便現實如此，我仍然沒有放棄努力」嗎？

知道現實是這樣的，我沒有垂頭喪氣，這樣的我難道不可貴嗎？或者說，這樣的你難道不可貴嗎？我們雖變成了大人，但還沒變成麻木的大人啊！

我仍然是那個努力要實現自由、守護愛的人啊！

每個早晨，實實在在地睡了一晚後，看看旁邊的人睡得好好的，一整天心裡都會充滿著愛。在定好的時間起床，盥洗化妝，等 K 起床後，幫他準備早餐，然後一起吃早飯、出門，路上嘻哈間就是一個新的開始。

快下班時，想到馬上就能見到 K，和他相伴回家，就感到無限的溫柔。即使這一天當中，可能會受到挫折，但是有他在的時候，這些都無所謂了。大不了我們投身江湖去。

我已經漸漸接受的一個現實是：我只是個普通人，世界太大，有太多我這個小人物做不到的事情，而我只要把我的好、我的溫柔、我的熱情全然釋放，也算是在溫柔地改變世界吧。我讓世界多了很多被愛和付出愛的人，不也是這個世界的進步嗎？

這一切，已經讓我覺得很珍貴了。是我努力而來的，所以我很驕傲。

我啊，是個名副其實的沒什麼大用的人，那就讓我在小用裡閃光好了，讓我在我愛和愛我的人當中閃光就好啦。我在努力啊，無關遙遠的理想，關乎今天可以看到的月亮，晚上吃到的晚飯，他的擁抱，廚房的煙火氣。

猛然間意識到自己其實是個小人物還是有點兒悲哀的，但又能怎麼樣呢？

新的一年會對我好一點兒吧

二○二○年十二月三十日晚上接近十一點，我下班回家，坐在計程車上，撇開工作內容不想，放空自己的同時手裡胡亂翻一些文章，無意間看到一首小詩，作者是馬雁。

世界下著一夜的雨，這尋常一夜 ——
有人在電視機前消磨著有益的人生，
有人在酒杯裡沉沒、浮起，
有人在慾望下捏碎懦弱，鍛造自我。
這些並不僅僅是概念，
你會同意，世界必須歸類。
我想著，仲春天氣，園中的喬木，
水草，以及人在岸邊舞蹈。
我們享受過的蘭姆酒冰淇淋……
如果把生活中的傷痛
呈現給你，也許就有變數。
但也許不，他人的癒合與你無關。
我遲疑在那個仲春，

溫暖而黑暗的聚會，啤酒，擁抱，

早晨的口紅，照相機。

中關村。與愛過的人一起吃午飯。

猶太史。悶熱的咖啡廳。

全部的生活細節正在漲潮……

唯一的一個晚上；

你爬山歸來，剛剛度過一場危機。

你不是第一個，也不會是最後一個。

我堅信：

那一刻我與你同在。

那一夜的雨同樣淋溼我。

你意味著不敢想像，

鄉村上空的烏鴉是死亡的符號，

但未必不祥。

此刻我只能緬懷那隻溫暖的、我握過的手。

你成為眾人分享的記憶，

而我此生的工作是對記憶的鐫刻。

　　你能想像那種在冰冷的空氣裡被突然暖了一下的感覺嗎？女詩人多浪漫啊，生活時而乏味，還好有詩歌可以溫暖治癒人心。

　　接近年尾，越想要說點什麼越是不知道說什麼好。不知道最近為何我身邊、社會上都發生了一些讓人害怕心慌的事情，這時才會想起來自己也不過是普通大眾中的一個，有恐懼，有憂慮。

　　二〇二〇年，人們都在講二十一世紀的前二十年過去了，即使是兩千年出生的人也要成為二十歲的大人了 —— 我們終於來到曾經以為的未來。

　　我在年紀小不懂事的時候，不是很珍惜生命，想過二十歲就去尋死，理由是：超過二十歲已經很老了，不知道生活還有什麼有趣好玩的東西，不如死了算了。可是現在我快三十歲了，已經距離那個自認為「老」的年紀還要再遠十個年頭。我怎麼樣了嗎？也沒有。我平和地接受了我的年齡，在我這裡，年齡不是什麼祕密，我從不諱言。因為我覺得比起年齡來說，我這個人是怎樣的，內在是怎樣的，這些更為重要。

　　有那麼幾次，我問過我的好朋友們，問他們會不會懼怕三十歲。我本來以為肯定有人對年輕念念不忘，捨不得放手，結果卻是大家都平和、冷靜地接受了這件事情，且紛紛表示，現在的自己比二十歲出頭時感覺更舒服，因為少了很多曾經以為很重要的、實則沒有用的東西，而依舊在意的東西才是真正珍貴的。它們是下午四點可以看窗外風景的悠閒

心情，是週末即使什麼都不做也不會覺得荒廢的安穩心態，是早飯、午飯、晚飯時對面一起進食的親密愛人，是雖然身處異地，但時刻讓自己覺得被愛著的家人⋯⋯

是的，我在接近三十歲的年紀，感覺到的是舒服，我和三十歲，像是彼此打照面兒的社區鄰居，禮貌而不失分寸，然後繼續各過各的。

我曾經很追求快樂，覺得世界上最快樂的事情就是快樂本身，所以我會想辦法去玩兒，去尋求失調的樂趣。生活偶爾是失控的，日夜顛倒，在身邊的朋友很多，但都像流水一樣隨著時間的流逝換了一撥又一撥。這些好嗎？沒什麼不好，經歷過才知道，那些動盪的、粗亂的、所謂「自由」的生活，並不是我想要的自由，更不是快樂。而快樂，也是淺薄的，它是一瞬間的事情。真正讓我覺得有力量的是平和，是那種心裡「定」的感覺。

平和是我在路邊看到更年輕的、追求漂亮的女孩自拍，跟著她們笑笑，然後逕自半素顏地走過她們身邊；是深夜加班回家，不再慌亂，趕不上車就趕不上車，反正超過十點打車可以報銷，我就按著步驟來就好了⋯⋯美好總是發生在回家的路上，我一個人的時候會耳機不離身，聽著音樂，隨著節奏踱步，天上的星星好像也為我高興，閃爍不停。還有什麼比這更高興呢？

　　以前老想著要成為別人，別人多好啊，有的漂亮，有的有才華，有的身材好，每個人都有比我好的地方，我想要成為任何人，除了成為我自己。我覺得自己普通，才華有一點點但不足以支撐我偉大的理想，身材外貌更不會是我的長處。但到現在，我和我自己和解了，我學會擁抱自己了。我不完美，可是誰又是真的完美的？我想要成為別人的同時，別人說不定也想要成為我呢，可是我們還是成為自己最舒服吧。所以我與自己和解了，接受了自己的平凡，誰還不是個俗人呀？可是我沒有停止對美和愛的追求，我就又是不俗的人了。真好！

　　某天做飯的時候把手指頭割了一下，我當時只顧撒嬌喊疼，尋求男友的安慰，同時逃避幹家務。轉天，我坐在出去玩兒的大巴上，傷口還沒有好，突然想起：我媽應該也被割過很多次，她有沒有矯情一下逃避做家務的時候呢？

　　年齡越長越是聽不得和父母相關的話題，即使他們曾在我們還年幼的時候以不自知的方式傷害過我們，也從不曾說「對不起」，但是我還是覺得，算了吧，大概我們一輩子就要以互相虧欠，再想辦法償還的方式走完吧。

　　其實，我又覺得自己是個幸運的孩子，我沒有體會過家人重男輕女的痛苦，他們認為如果我有能力繼續深造，那就去。我記得高二的時候我想參加選秀當歌手，在回家的路上

和我爸說了，他也只是說和我一起勸我媽同意，我媽開始頗有微詞，但最後還是拗不過我。我經過了三輪海選，比賽方不斷要我們交錢，我覺得此事有詐，就沒再繼續。但我能有這一趟經歷，就已經很開心了。

前段時間媽媽因為腦梗死住院，我聽到訊息的時候立刻腳軟了，腦袋裡是各種不好的念頭。所幸她的病情不嚴重，住院觀察了十天就回家了。我開始搜尋買保險的訊息，發現很多都不適合他們了，年紀是一個嚴峻的指標，而爸媽的年紀已經超過了那個指標，所以好遺憾。

對他們的願望無非是身體健康，活得久一點兒，再久一點兒……

我不知道新的一年會發生什麼樣的事情，我可能會結婚，可能會換個城市，這些都是不確定的事情。但我能確定的就是，盡力讓自己過得舒服一點兒，盡力讓自己不要辜負愛與被愛。

至於新年會不會對我們好一點兒，我真的不是很在乎，我們只管加油就好了。

今天也是覺得「活著就好」的一天嗎？

　　年近三十，越發覺得「生活不易」，「活著就好」。熬夜、嗜辣、偶爾喝多、不規律飲食，這些前幾年經常做的事情，近兩年漸漸覺得不能再做了。因為只要觸及其中一項，就感覺到了失控之後的報復，身體各處會亮起紅燈，彷彿在告誡我：「你看你這樣不行哦！」

　　近期我越發感覺到，爭奪身外之物，不僅限於財富，對我來說都沒有那麼重要，身邊愛人、家中長輩、遠方兄弟姐妹，大家能平和地、健康地度過每一天，都是我要非常非常感激的事情了。

　　最近，我的眼部一直在過敏發炎，發癢、脫皮，反反覆覆。一度引以為傲的皮膚狀態，早就在不知不覺間就壞掉了。要真正承認這一點，還真是需要時間。身體狀況不佳，隨之而來的就是心理狀態不佳。急切想要好起來的心和就是不見好的現狀，像兩條蛇一樣纏繞著我，讓我常常不知所措，可還是堅持著不去醫院，總覺得去醫院是最後一步，宣告我真的是無能為力的最後一步。

　　除此之外，K 也經歷了一場手術。我陪著他在醫院的三

天，是今年截至目前最驚心動魄的三天。經歷過暈倒在地、委屈哭泣、疼痛煎熬後，才再一次深深感嘆：人生啊，沒有那麼多值得我們費心的事情，我們能活著，平和地、健康地、安心地活著已經是幸事一件了。

我對目前的狀態沒有任何埋怨，我覺得我是幸福本身。就像惠特曼的詩句：「我在大路上走著，又輕鬆又愉快，我不再期望星辰，我知道它們的位置十分安適，我不再企求幸福，因為我就是幸福。」我對外物也沒有過多的期待，有很多事情是上天賜予的，愛人、財富，各種我們想要得到的事物。如果我有，那是我的幸運；如果我沒有，那是緣分不到或者命數裡真的沒有，我也可以坦然地接受，至少我們好好地活著。

近兩年發生了一連串的事情，又不斷讓我篤定起來。我喜歡的「人間水蜜桃」女孩，以一種近乎絕望的姿態結束了自己短暫的一生。她在這個人間活過的時長，甚至還沒有我長。知道這些訊息之後，心裡只覺得很難過，想不到去歸咎於任何人，因為沒有太大意義，只是希望她下一次做人的時候，只做一個普通的、好好活著的女孩就好了。

人生就是在喜怒哀樂之間徐徐進行著，我們每天都在經歷不同程度的跌宕起伏，有時是時代的，有時是自己的。

還記得我之前一個朋友的父親因病去世，我也很感懷的

那會兒嗎？國慶節前，她找到一個可以相伴終身的人，開啟人生下一個階段了。而也是差不多的時候，我的一個網友寫了一段文字，他的母親因病去世，他跟我說，會聽媽媽的話，好好活著。我們的人生就是交織在各種故事情節中，我觀看他們的生活，跟著他們的經歷跌宕起伏，同時又告訴自己一起加油。

想想自己真是比之前成熟多了，因為感覺到人生並不像我們想像得長，可能隨時會有終點，戛然而止。對了，「戛然而止」被我的朋友評論為年度殘忍詞語，因為我們喜歡的那個「人間水蜜桃」女孩的人生就是戛然而止了。繼續說回來，因為感覺到人生短促，世事無常，所以時常告誡自己要待人有禮謙遜、溫和善意，我們並不一定會有更多的聯繫，至少在相識的一小段時間裡彼此善待。

於是我能收到切實的溫情回饋，就像我只是早上跟護工大叔打了聲招呼，問他早上好，他就在我離開醫院的時候，笑著跟我說「走了呀，真是辛苦你了」。這樣的循環，應該可以給彼此的生活帶來一丁點兒暖意，而偶爾，這些暖意也許可以救人吧。

我不是很喜歡秋冬季節，即使有晚上鑽進溫暖被窩那樣治癒的瞬間，也還是不喜歡。我老老實實地喜歡著春夏，因為足夠溫暖，足夠讓我覺得人間美好。

「大家都抱怨複雜，卻不願想自己就是複雜的根源，麻煩都是自找的，只要誠心，就會看見世界簡單至極。你須做的只是扔掉目的而已。這時你自由自在，人人自由自在，天下太平無事。」

這不是我說的，是顧城說的，而我無條件贊成他這個說法。

「一個人，生活可以變得好，也可以變得壞；可以活得久，也可以活得不久；可以做一個藝術家，也可以鋸木頭，沒有多大區別。但是有一點，就是他不能面目全非，他不能變成一個鬼，他不能說鬼話、說謊言，他不能在醒來的時候看見自己覺得不堪入目，一個人應該活得是自己並且乾淨。」

這也是顧城說的，而我要加的是：一個人應該有那種「活著就好」的感覺。我們只要好好活著就很好了，其他萬物都是命運的禮物，如果抱著這樣的心態應該會更平和、安逸一些吧。

希望今天我們都能有那種「活著真好」「活著真不錯」的感覺。

若你是個怪人，願你有愛無憂

已經很少看愛情電影了。

或者說很少覺得所謂電影中的「愛情」是真的愛情。可是你要說什麼是愛情，誰也不知道，誰也無法給它一個明確的定義。

它是「今晚的月色真美」，它是「想觸碰又收回的手」，它是「一想到你，我這張醜臉就泛起微笑」。

但是發現了嗎？現實情況是，很多人不敢再提愛情，甚至迴避、逃離。我曾經寫過的那本《萬一我們一輩子單身》，也偶爾會被人誤以為我是在「教唆」大家無須戀愛，一個人也可以活得很好。其實不是，我是在想，無論戀愛與否，不要迴避和逃離任何一種可能性，那是一種幸運，有的人可能一下子就碰到了，有的人可能一輩子都沒有，有的人或許早，有的人或許晚，都沒有關係，我們允許各種可能發生，只是不要逃避。

昨天我看的是一部真人真事改編的電影，叫《彩繪心天地》。女主角是出演過《水底情深》的 Sally Cecilia Hawkins（莎莉．霍金斯），男主角是出演過「愛在三部曲」的 Ethan

Hawke（伊森・霍克）。寫到這裡突然發現，兩個主演都是演過優秀愛情電影的名角兒啊。

這部影片講什麼呢？其實可以用一句話概括：一位患病的民間藝術家莫德與魚販丈夫艾弗特結識，並相戀結婚，完整過完一生的故事。其間莫德創造了很多純潔、美好、極富想像力的藝術畫作。可是要把電影揉碎了來看，似乎沒那麼簡單，可以說是兩個「怪人」的愛情。

莫德瘦弱矮小、長相平平，還身患關節炎，看起來就像瘸了一樣，她像皮球一樣在哥哥和姨媽之間被踢來踢去，誰都不想照顧她，都不愛她。最愛她的應該是去世的父母吧。幾十年裡受盡了各種白眼和欺侮，走在路上都可能有人衝她扔石子，即使他們並不相識。

而艾弗特呢，他是另一種「怪人」。他暴戾，不尊重莫德，沒有文化，粗鄙，沒有柔情，也不會表達。曾經他當著商販的面賞莫德耳光，氣得莫德要出走，他還給莫德排家庭地位，第一是他自己，第二是雞，第三是狗，最後才是莫德。他就是這樣一個不招人喜歡的人。

可是偏偏這樣的兩個人走在一起了。艾弗特雖然沉默寡言或者偶爾口吐惡言，可是他會在莫德提出裝紗窗門的第二天，默默給她裝上；他會抱著莫德跳舞，說兩個人就像被拋棄的襪子，他是被拉長變形的那隻。莫德也會跟他說：「他

們不喜歡你，沒關係，我喜歡你。這就夠了。」他們就這樣在歲月中融化、溫暖彼此。誰敢說這樣不美？誰會覺得兩個不完美的「怪人」在一起，不能燃放美麗的煙花呢？

我認識很多比我年輕的人都說不想談戀愛，被過去的人傷透了，還談什麼狗屁愛情，甚至會振振有詞地列出理由：生活壓力太大了。是手機不好玩嗎？一個人的玩樂已經可以替代戀愛帶來的快樂。談戀愛真的很麻煩，要照顧別人的生活和情緒。我還年輕，忙著賺錢。我自己根本不知道要找什麼樣的人。我兜兜轉轉找了很多人，但都不是對的人……於是就沒有人談戀愛了。

可是，我仍然想要告訴你的是，戀愛是要談的，即使你是個再怪的人。真的。

而且我們都不是真正意義上的「怪人」，只是人們沒有足夠的勇氣來承認自己只是個平凡、普通的人，所以將自己稱為「怪人」，這樣聽起來會好一些，至少我們似乎都有了與眾不同的地方。這個問題值得再寫一篇。

談戀愛，或者更廣泛地說，真實地和別人在生活中互動，發生聯繫，這些都不是為了其他人，而是為了探尋真實的自己。賺錢、玩樂這些都無法真正地替代戀愛或者親密關係帶給人的溫暖感覺。賺錢何時有個頭兒？玩樂總有累的時候。所以不要給自己找類似的藉口了，這些都只是假象。

　　這次我不是想教你談戀愛或者不談，而是想要你產生一種真實的、不拒絕的心理，我們想要和人有更深的羈絆，就不要把「我不想」掛在嘴邊，擺出一種拒絕的態度。你想想啊，我們平時說的「我好像又胖了」，心裡其實是不是想聽到別人說「不，你不胖」—— 是一個道理的。

　　戀愛和不戀愛，單身和不單身，確實都是個人的選擇，但希望每一個選擇都是發自內心的，而不是壓抑自己的真實感受。

　　所以，我其實不是在勸人談戀愛，我是勸人不要逃避，面對自己對親密關係的真實渴望，這一點兒不丟人，能感受到人間溫情，可以說是檢測自己是否麻木不仁的一條標準了。

　　那些真的可以稱得上「怪人」的人都在勇敢地去追求自己的所愛、追求自己的生活，何況我們這些普通人，又有什麼藉口去躲避真實的溫暖呢？

　　愛是莫德對艾弗特說：「別人不喜歡你，沒關係，我喜歡你，就夠了。」

　　愛是王小波對李銀河說：「一想到你，我這張醜臉就泛起微笑。」

　　愛是「想觸碰又收回的手」，愛是我們有顆不逃避、勇於追求的、真實的心。

　　若你是個怪人，願你有愛無憂。

急需一份美好生活提案

　　二○二○年很不尋常。我們被按下的暫停鍵至今也未恢復，每天仍然處在一種奇怪的狀態中。心裡生出許多小願望，想要摘掉口罩，現在知道能大口呼吸、放肆歡笑是一件多麼自由的事情；想要路過別人的時候，對方不會下意識地躲開；想要投入到熱鬧的人群中，找朋友相聚，不必擔心是否存在交叉感染的可能……平日裡討厭熱鬧，想要躲避人群，現在卻覺得熱鬧真是一大樂事。人呀，真是矛盾的集合體。

　　春天是我最容易敏感的時候，可是這麼說似乎也不太準確，我應該時刻保持敏感，保持觀察，保持輸入和輸出。

　　前陣子才聽說某個朋友搬到杭州去了，而且最近還在「大小乾坤」電臺裡講了一期她「智鬥騙子」的故事。我們倆的結緣，全靠 K 這個中間人，因為與她結識，我們擁有了一年大大小小免費的演出門票，甚是感謝。有緣的是，我們同為雙子座，但在離開北京這件事兒上，她比我果斷多了。

　　在搬離北京前，她的朋友圈基本都是藝人消息，誰要在哪兒演出了，有這樣或那樣的主題，要不就是她的貓。移居

杭州後，她的朋友圈變成了自己的美好生活：嘗試了什麼新的菜式，配的是什麼酒，早上起來看到的陽光是怎樣的，去爬哪裡的山，去哪條江邊散了步……我們好生羨慕，她的壓力釋放了很多，看得出也精神了很多。

一個人的精神狀態，其實從朋友圈可以窺見一部分。分享生活的，大概是生活裡沒有太大問題，心態還比較平和的；分享工作的，大概是工作占了他生活很大的一部分；分享寵物的，大概是只有這個小寶貝兒能撫慰他，其他都不行。而我這幾年的分享，僅從數量來說，已經少了很多。究其原因，生活平穩自不必說，從反面來看，其實也是沒有變化。

沒有想要去的演出現場，因為比較有名的我們都去過了；

沒有想要去看的電影，因為多次試驗證明並不能值回票價；

沒有非去不可的社交場合，因為年齡越長，越不想無效社交；

…………

我發現生活多了很多省略號，而不是帶有感情的問號或者感嘆號。生活有餘地，只是還沒有看到，就像春天有點遲，但它肯定會到。

　　K 前段日子會提起我們什麼時候離開北京這件事情，他會設想我們未來的生活，房屋的布置、家具的擺放、房間的數量……即使我也期盼著，但是眼前的安穩多少讓我有點兒猶豫。我也會問我自己：「現在的生活真的是你想要的？這份安穩真的是你想要的？安穩的背後是不是也意味著沒什麼可能性？而我們得到的是不是其實並不會增加？還有，那個鬧騰的、不會隨便安於現狀的妳去哪兒了？」

　　現在的生活，我知道它沒那麼好，但它也沒有壞到讓我無法接受，它只是無法滿足自己全部的生活願望。我們需要和人分擔房租，需要共享廚房和客廳，可是關起門來，我們照樣還是聽音樂、跳舞、看電影、讀書和打鬧。你說這樣的生活，要拋棄嗎？當然是可以的。但是 —— 萬事最怕「但是」 —— 拋棄之後呢？搬離北京到一個新的地方，就不會出現類似的問題嗎？

　　「看不到什麼可能性」這一點確實觸動我了，我很怕一成不變。「沒什麼可能性」這件事意味著沒有新的故事發生，沒有新的朋友認識，沒有新的危機出現，沒有新的激情迎面而來。這種情況太可怕了！我知道面臨一個新環境或者新事物的時候，擔憂和緊張是肯定會產生的，是不是只要試過才知道喜不喜歡，才知道風險是否可以承擔呢？

　　設想一直生活在北京，接下來的路徑一定是兩家人傾盡

儲蓄協助我們買房子安居下來，第二步便是生小孩，想酷一點兒，就任小孩按自己的喜好成長，可是偶爾肯定也希望他可以去體驗各種可能性，美術、音樂、文學、數學、歷史、哲學……希望他能有自己的愛好，支撐起對生活的熱愛，不得不承認這些確實需要物質來支持。其實每一年可以剩下多少錢，我們心裡是有數的，每一年都差不多，不過三四萬。那將又是一場一成不變、沒什麼可能性、可以預見的生活。

可怕啊！

我最近在看義大利作家艾琳娜・斐蘭德的《那不勒斯四部曲》，講的是兩個女生艾琳娜和莉拉的成長故事，童年、青年、中年、老年四個不同階段，每個階段是一部書，我已經讀到第三部了，看得我怵目驚心。人每做一個選擇，都會引導他走向一個方向，而最終的那個方向是好是壞，其實是每一個小細節、小岔路口造成的。人類最怕選擇了，因為無法完全承擔後果。同樣，我也怕。所以觀看艾琳娜和莉拉的經歷時，不自覺帶入了自己，如果是我，我會更好嗎？

走到終點前沒有人知道答案。其實很多人都在無常中尋找永恆，在世事難料中找到部分答案。

至於我想要的生活啊，我想早上起床後喝一杯熱咖啡，鍋裡冒著熱氣，愛人正在煎蛋；上午我們互不打擾，讀書看報；中午再合做一桌美味的午餐；下午睏倦了，出門去騎單

車、踩踩草地、釣釣魚；晚上再窩在沙發上看電影。

　　像極了退休生活是不是？其實我也擔心。所以始終邁不出那一步。

　　所以，我現在急需一份美好生活提案，毫無疑問的那種。

人生皆辛苦，我們需振作

Is life always this hard, or is it just when you're a kid？
Always like this.

人生總是這麼苦，還是只有童年苦？

一直如此。

Léon 和 Matilda 這兩句對白一直記在我的腦袋裡，相信很多看過《終極追殺令》的朋友也對這兩句對白念念不忘。每次我覺得人生之苦無法紓解的時候，總會想起這兩句，既然人生一直這麼苦，那我何必趕著去未來？於是默默低下頭做事。

最近的一苦便是這場疫情吧。

這場全球大流行的疫情，沒有人是置身事外的，我們每個人的命運都或多或少被牽扯在了一起。也許在我們不知道的地方，有一個神是粗心大意、剛剛報到的，他為世界按下暫停鍵後，跑到哪裡參加派對，忘記了把這個暫停鍵開啟。到目前為止已經三個月了，真希望這個神早點歸來，看看他

幹的好事兒，引發了多麼嚴重的「蝴蝶效應」啊。

　　我周圍的朋友或同事被這場始料未及的災難波及的不在少數，有的變得心緒不寧，有的變得將生死看淡，有的遭遇多重「滑鐵盧」。這是我沒有想到的，我狹隘的意識裡還覺得大家都會平平安安地度過這場災難。

　　朋友 A，與我做過很短一段時間的同事，現在是某網際網路大廠的普通員工，她在和我離開同一家公司後輾轉去的兩家公司都是大廠，我一度非常羨慕她。她上進，有進取心，想要做好的內容給大眾，進入大廠也是抱著這樣的初心。可是大廠風雲哪有那麼平靜？專案、業務、人際關係，好幾層都需要考慮進來。本來她會選擇養精蓄銳、安穩度過，在工作中累積、修行、蟄伏，以後做到厚積薄發。而這一場意外來襲，她便不想要執著在其中，不久前跟公司提出了離職。下一步計畫，應該是暫時回老家待一段時間，清醒一下，問問自己的內心到底是怎樣的。

　　我說不出來這樣是好是壞，因為在這個特殊的時候，選擇離職總感覺是沒那麼容易下決心。我知道很多人在這個時間段被迫失業，心態趨近崩潰，看到這些事例，我真是愛莫能助。這一定不是一個容易接受、容易度過的過程，我想不到更好的建議可以給看到的這些人，只好在心裡默默地為他們祈禱，希望趕緊找到下一份工作。

其實好像越是這樣極端的情況下，人們做決定時越是冷靜，其間透露出冷冽之氣。主動離職的不僅僅有我上面說到的朋友，還有我的一個組員 B。我們坐在辦公室裡聊天的時候，她跟我講述離職的原因，除了工作內容、薪資待遇，還有一個重要的原因是心態不知道怎麼被疫情影響到了，總感覺做什麼都起不了勁兒，自己的狀態也不對，悶悶不樂。這一點還是挺讓我驚訝的，因為我坦言，我自己被這場意外撼動到的部分著實不多。

但即使不多，也讓我對人生產生了一些新的思考，我記得我們還做過類似的分享。

首先，一定要有儲蓄。很多人都在這樣的時候才發現，兜裡有糧，心裡不慌。這裡的儲蓄也不單單指金錢，還有一些日常生活用品、蔬菜水果。務實真的是一件聽起來很老土的事情，一點兒都不浪漫、不洋氣，但務實可以給人一種落地的安全感。所以，要有儲蓄。

其次，世界上沒有什麼是不可能的，我們不知道意外和明天哪一個先來，所以一定要先過好當下的每一天。享受當下再也不是一種浪漫的說法，而是當我知道一切都有可能會被摧毀的時候，沒有什麼比享受當下這一小會兒的美好更重要的事情了。

還有，偶爾獲得的超長在家待機的時間，我好像重新

收穫了和媽媽的「友情」，我聽她講她年輕時的事情，她聽我講未來的計畫。我們在自家房頂散步的時候，災難、危險這些都被拋諸腦後，眼前的人才是最最重要的，其他的都由它去。

最重要的是不要喪失信心，不要放棄希望。生活不知道會在哪個時候、哪條路上給我們預備一個轉機，如果我們還沒有走到那一步，就先失去信心，先放棄希望，可能我們根本不會走到那個轉機出現的路口。所以，切記要永遠保持信心，擁抱希望。

人似乎生來就不是能享福的，我們要經過長長的、異常艱辛的人生道路才知道自己是怎麼樣的存在。但在這個過程中，我們仍需振作啊！

我們為什麼要工作啊？

　　腳剛踏出辦公室的門，腦袋裡就開始閃過一天的碎片，有想不出東西的煩惱，有突然被塞了一些事情叫我來做的不解，有暫時解不開的一些人事上的疙瘩……各種事情纏繞在一起，下班出門的那一刻就通通想要拋在腦後。我對自己有句警誡的話是「明天的煩惱交給明天的我去處理」。有點兒小逃避的心態沒錯啦，但偶爾還是蠻管用的。

　　人生被截止日期牽著走是件既可悲又有用的事情。可悲在，總有什麼東西卡著你，像內褲沒有穿對位置，你又不好意思去拽它一下。有用在，也確實需要一個東西拽著你走，因為你不往前走，永遠到不了那個該抵達的地方。

　　工作就是有太多截止日期了。

　　地鐵是我的避難所，我在地鐵裡可以裝作一個無憂無慮的人，隨意天馬行空地想些什麼，我不愛在地鐵裡翻手機，因為我想留一段時間給自己想東西，讓那些亂七八糟的想法有一個歸處，因為我知道如果我不記錄、不把它們留下來，我就會忘記，世界上再沒有關於「我們為什麼要工作啊」這樣稍縱即逝的念頭。

可偶爾掩飾尷尬，或者要留一些什麼想法在筆頭上，也得玩手機，真是一件矛盾的事情。

你看，我工作遇到想不開的時候，其他事情也會跟著胡來。

為什麼要工作啊？蠻簡單的，大家都知道原因。實現價值什麼的都是胡扯，我不覺得工作能讓自己產生什麼價值，且工作其實會讓我們變得平凡，每個人都是社會的螺絲釘，每個人都安於現狀。但總得有人是「反骨」，會想要偶爾不那麼聽話。

前幾天看《十三邀》，許知遠採訪史學家許倬雲，有一段話我非常認同，同時也深表遺憾。「今天的教育，教育的是凡人、過日子的人；今天的文化，是一個打扮出來的文化，是舞台式的文化，是導演匯出來的文化。而今天日子過得太舒服，沒有人想這個問題，忙的是買這個機那個機，忙的是趕時髦，忙的是聽最紅的歌星的歌，人這麼走下去，也就等於人變成活著的機器。」細想想這非常恐怖，我們都變成機器的話，我們自己又在哪裡呢？

我其實不是不喜歡工作，我只是沒那麼喜歡「上班」這件事情。人還是需要工作的，需要幹點兒正經事，需要存在過的證據。但上班卻不然，上班顯然不太容易讓人開心。所以我們看到在地鐵裡大打出手的人、在深夜裡喝酒哭泣的

人、在路上發呆出神的人，不敢說全是工作所致，但大多數還是會沾著邊兒的。

回家，脫掉今天的皮囊，換上跑步的裝備，我一直想要換掉現在這雙跑步鞋，因為它已經舊舊黑黑的了，不會讓我產生那種立刻要穿上它展示給人看、要跑起來的感覺。不過，暫時沒有備選方案，我還是先穿著它吧。

在樓下做跑前熱身運動是有點兒尷尬的，路過的人會不經意間看我一眼，雖然我心裡一直跟自己說「妳沒那麼重要，沒那麼多觀眾」，但動作不免會拘謹一些，看來我以後還要繼續努力，盡量做到「不顧及他人眼光」。

跑起來，北京的夏天黏糊糊的，樓下的小公園裡滿是散步的情侶、跳廣場舞的叔叔阿姨、帶著小孩的年輕夫婦，看著他們快樂的模樣，不知道他們會不會也問自己「我為什麼要工作啊」這種問題。經過老人們的時候，我偶爾會羨慕，退休後的生活看起來真愜意，不過轉念一想，他們肯定經歷過和我們差不多的掙扎。人啊，還是沒有辦法改變一代一代的宿命。

總有一個小孩像在跟我競爭一樣，跑一陣累了走幾步，看我追上來就繼續跑，我也樂於跟他做這樣默契的遊戲，這樣來回幾次，他最後撲向父母的懷抱，而我的腳步還會繼續。什麼工作的煩惱，什麼亂七八糟的想法，都沒有現在要

跑完五公里的心更迫切。

　　不知道什麼時候運動居然也會變成我治癒自己的一個方式，當腦袋受了累，就讓身體去受其他的累，這樣腦袋就會空出來不去想其他，自然而然得到了治癒。

　　關於開頭那個問題「我們為什麼要工作啊」，我也沒有答案。這個問題看來是無解的，每個人都可以基於自己的實際情況給出一些答案，我不確保人人都會偏向於不工作，那也不一定就是終極的解決辦法，沒有限制的自由，滋味也沒那麼好受的。但至少我們可以在問自己為什麼的過程中，慢慢地去探明自己心底的答案，慢慢地去向自己的內裡探究一下。

　　外面太吵鬧了，我也跑完步了，收拾收拾準備明天新的戰鬥吧，聽說我的同事中有幾個要回老家謀求其他發展了，我也祝福他們。至於我，也得計劃計劃了。

我與慾望糾纏多年

進入七月後，我又一次「頓悟」了：我在「買衣服」這件事情上花錢太多了。假設一個月拿出三千用來消費，包含各種雜七雜八的消費，其中「買衣服」可能就要占去一半，甚至更多，前半年有一個月甚至達到百分之七十。

這件事情非常可怕，我的消費習慣仍然算平價這一檔，一兩百不算心疼，但超過三百就會多想一想，所以每個月我會買十多件衣服。但再一細思索，我只有一個身體，一個月只有三十天，最多的時候三十一天，我穿得了那麼多衣服嗎？答案當然是否定。

於是我嘗試開啟一次自己的人生實驗：三十天不買新衣服計畫。從七月初開始，目前一切正常。

同時我又在斷捨離，在不斷購入的同時，也在不斷清空。我看過一些部落客說如果你想要購置新的對象，那你就一定要把之前舊的對象清理掉。我可以把這個理解為「物品守恆」吧。但其實這是一件弔詭的事情，斷捨離的本質是搞清楚自己的慾望和真正的需要，再去相應地做出選擇，而不是盲目地購入，然後藉口斷捨離扔掉舊物。有些時候，還挺

對不起自己認可過的各位斷捨離大師們的。

　　把範圍擴大到買包、買化妝品，也是一樣。包包堆積如山，化妝品老也不見底，只能等著時間流逝，白白地浪費掉。

　　自從去年國慶臉部出問題看醫生，醫生語重心長地說「以後妳就別想化妝了」之後，我便不再化妝。最初是非常接受不了，想著不能一輩子不化妝吧，而且心裡還憋著一股勁兒，打算過一段時間再化妝，先讓肌膚休息一下。結果休息到現在，我便覺得化妝與否已經不重要了，因為我早已丟掉那份莫名其妙的慾望，學會跟自己擁抱，並喜歡上那個讓皮膚自由呼吸的自己。

　　其實說這麼多，無論買衣服，還是化妝，這些都是想要打扮自己，都是自己的那些小慾望在作祟。

　　我跟自己的慾望交手多年，我肯定是敗下陣來過。我記得我以前追趕潮流、追趕時髦的樣子，記得自己的 slogan（口號）是「想要的現在就要」，哪些口紅色號最火我就一定要得到；流行 oversize 風（男友風）就買來穿，而全然不管自己的身材……最後的結果當然是失敗。獲得了那些看似最流行、最時髦的東西，可並沒有讓自己變得更好。我滿足的那部分慾望，只會讓我更加迷失，看不清自己是誰，那個樣子其實蠻醜的。

　　我一定也是在乎過別人的眼光的，年輕的朋友誰敢說自己完完全全地取悅自己，完全不考慮周圍人的想法呢？我是不敢的。

　　我在意過我在別人眼裡的樣子，在意過自己透過穿著打扮塑造的形象。在意的背後是沒有將目光真正地投射到自己身上，去關照自己的真實想法，去關注自己真實的需求而不是僅僅滿足自己的慾望。

　　但我慢慢嘗試跟慾望和平相處了，或者說走在和平相處的道路上。我慢慢知道，合適比流行更重要，於是一條在日本買的黑色連衣裙陪伴我多年，依舊是我的「上鏡神衣」；我慢慢知道，「需要」比「想要」更重要，我想要星星，但我不一定需要它，費了半天勁兒要來，說不定第二天就要拋棄它；我慢慢知道，其實滿足慾望也可以選擇替代品。

　　有次我在北京的哥們兒，我就叫他老鍾吧，帶了剛交往的女朋友 YY 與我們認識。女生見面，難免要互相打量。落座後我就發現她背著 LV，心裡略略一驚：了不得，老鍾居然交了一個富二代女友。日後跟 YY 熟悉了一些，又見她換著不同的奢侈品包包，我忍不住問她怎麼有這麼多，她回答我，其實都是二手中古包。我才豁然開朗，怪不得！因為相對新品來說，二手中古包的價格確實可愛了許多。

　　不瞞各位，之後我也為了滿足自己的慾望買過那麼一兩

個，怎麼形容那種感覺呢？就是 —— 也沒什麼嘛，一個包而已。大概我與中古包的緣分就是這樣了，不過分追求，也不抗拒，有喜歡的、合適的就買，沒有喜歡的就不去追。

大概這也是我和慾望的關係了，不過分追求，但也不抗拒，會認真地思考一下我的真實需求，真的喜歡就買，略有遲疑就不要。

這樣一來，我與慾望的關係就好很多了。

但大家不要誤會我是在說「慾望」本身不好，我知道有很多年輕人還在追逐的路上，好處在於大家看見那個略微高一點兒的目標時就想踮起腳去搆，就會努力地奮鬥，這是好的部分。但一定要謹記，不能迷失自己，不能為了滿足自己的一點兒慾望去做不好的事情，去不自量力，這是慾望不好的地方。我只希望大家看見這一點不好，不要靠近，不要被慾望吞噬。

我與慾望糾纏多年，我被打敗過，現在頂多算個平手，最起碼我知道自己不會成為慾望的奴隸，我知道我的人生不會太容易地被其左右，這就足夠了。

職場沒有真朋友嗎？

其實這樣的問題被很多年輕的朋友們問到過：「職場到底有沒有真心的朋友？」、「在工作當中到底能不能交到朋友？」這也是我最近想要問自己的一個問題。

我先不把答案說出來，或許很多事情本身也沒有什麼答案，而尋找答案這件事情本身就具有意義。所以我先不把我的答案列出來，我們不妨一起來找找看。

我對朋友的定義是，我們因某一方面的契合，產生精神共鳴，隨時保持聯繫，隨時開講，但也可以隨時消失，隨時不理人。不用過分貼近，過一個月不見面就想唸到要死，也不能過分疏離，保持剛剛好的距離就好。

那就來講一下我覺得我們是朋友的一些前同事們。

小 A 是我在第三家公司時的同事，我們是鄰桌，做著同樣職位的工作。她是長相漂亮但是不自知的那種女孩，個子高高的，皮膚白皙，她不愛笑，不像我，總是無緣無故地傻樂。最開始我們認識，她坐在我旁邊，懶懶地抬起頭衝我打個招呼後就低下頭做她的事情去了。我當時想，糟了，怕是遇上一個高冷女孩，我們做不成朋友了？

　　後來發現我完全是多慮，我們很快發現了彼此互相欣賞的點，而且擁有著共同愛好。她喜歡咖啡，喜歡在家裡自製咖啡，而我剛好也是個咖啡控。她毫不吝嗇地帶來她自製的咖啡給我品嘗，我也常在下午工作睏倦的時候喊她一起去「星爸爸」一趟。她愛喝酒，我也愛喝酒，我們的愛喝不是一定要醉，喝到微醺得剛剛好即可，愛的不是喝酒這件事，而是酒後的那種氛圍感。所以她會帶我去她發現的藏在衚衕深處的精釀啤酒吧，我則同樣會在下午工作睏倦的時候喊她跟我去買瓶度數不高的啤酒喝一喝。

　　雖然總會被她說「克制一點」、「怎麼可以這麼放肆呢」，但她都會邊說邊陪著我行動。我喜歡她認真負責、待人真誠、不吝分享；她喜歡我的率直不掩飾，偶爾敢做一些別人不太敢做的小冒險。現在想起來，我大概會永遠記得她的好。

　　記得有次下班，我們聊起紋身這件事兒，她跟我說在我們公司附近的衚衕裡有家店非常好，我直接邀請她下班後帶我去。她驚掉下巴，傻乎乎地搖搖頭說我瘋了，可是下班後她還是陪著我一起瘋，我在肩膀上文上「LOVE AND FREE-DOM（愛和自由）」，她在旁邊「嘖嘖嘖」個不停，問我疼不疼。

　　我們還有幾個人通宵喝酒的時候，唯一那麼一次，但是

我記了很久很久。應該也是週五下班後，來了一個小帥哥做我們的同事，我們就喊他一起喝酒，從下班後喝到晚上十一點，公車地鐵都停了，五個人走了兩個，剩下我和她，還有另一個女生。她家住得遠，我家也有點兒遠，另一個女生的家就在附近，我們突然想要瘋狂一點兒，就提議「不如我們買點兒酒跑回家裡再喝一波」。你看，女孩子們歡聚在一起，「瘋」起來也是非常瘋的。

那晚很美妙，我到現在都記得那種感覺，以前也寫過那次的「通宵酒」。我們就著酒服用各自的心事和苦惱，再把這些煩惱講出來給別人聽，似乎它們就被稀釋到看不見。我記得我們彼此評論對方，說對方哪裡討人喜歡，自己最欣賞對方哪裡，說著喝著就睡著了，睡到第二天一大早，簡單收拾過後，各自返回家繼續睡。回家的公車上，我睡著了，我想我是帶著笑的。

後來，我離職了。我和小 A 還約過幾次日料，我們也愛酌一口清酒，很舒服、很美好。再後來，小 A 離開北京去了深圳，我們再未得見。也許按規律講，這樣的人是會漸漸在彼此的生命中褪去色彩的，然而我們還沒有，至少目前沒有。我還是無所顧忌地偶爾給她發些奇怪的問題，她也毫不減當年對我的熱情。我相信，我們是真正的朋友，因為那些美好的時光足以戰勝之後漫長的歲月。

　　另外一些朋友，大概也是因為某些契機，發現了對方與自己有靈魂共振的地方，於是演化成工作之外的情誼。這些朋友裡，有人每天被我「敲竹槓」，請我下館子，在我們都很貧窮的時候；有人在我找不到房子的時候收留我住在她家裡；有人和我走在通往地鐵站的路上，和我分享他辦健身卡時傻乎乎的趣事……我們在偌大的、冷漠的世界裡偶然相遇，給過對方一丁點兒的溫暖，就可以治癒彼此好長一陣子。

　　遇到那麼多很好的人，我當然堅信職場上是存在真朋友的，可是你說我沒遇到過糟心的事嗎？肯定有的，只是我刻意不想讓這些糟心的人和事充斥在我的記憶中，因為一細搜刮，遍是瘡痍。

　　我曾有過被公司勸退的經歷，勸退的當晚就被平時關係不錯的幾個同事叫去吃飯喝酒，我知道他們的用意是想要安慰安慰我這個倒楣鬼，我其實已經自認絕大部分是我的問題，也許是我的放肆早就被上級們看不過去，也許是我做得不夠好，沒有達到預期，我都接受這些評判，所以我認了。

　　但我們酒過三巡，互相講了自己的祕密之後，其中一個人給我講了我被勸退的理由。其實不全是做得不夠好，而是因為其他同事工作極其懈怠，上班看節目、頻繁遲到早退這樣的事情被老闆知道，但老闆又不好發作，因為還需要留著

他們繼續給公司拉客戶。而同樣顯眼的我，不是說我也遲到早退、上班亂看東西，而是那段時間我們常玩在一起，於是老闆就來個殺雞儆猴，勸退我以驚醒別人。

　　啊——聽過理由，我再次認栽。算了算了，還能爭什麼？算是奇奇怪怪地被連累了。

　　還碰到過另一種情況，是我很認真地將公司某些同事當作朋友，工作中她需要我的地方我立刻就頂上去，我們也彼此分享過美食，她很大方，總不吝嗇拿出自己的東西和我們分享，她也曾在我的利益需要維護的時候挺身而出，幫我解決難題。

　　可是不知道怎的，也許是有那麼幾次我指出對方工作中的疏漏，又或者在某些沒有注意到的地方得罪了她，我們好像沒有過去那麼好了，涉及與我相關的事情，她變得公事公辦起來，在某些時候甚至可以稱得上是冷漠。我體會到這些的時候很難受，畢竟誰都不想成為那個「鍾無艷」，有事就各種好，千好萬好，無事則轉頭不認人。這樣真的太傷害我了。

　　碰到這樣的同事，我也一度會心裡罵著髒話，嘴裡跟其他人講「嗨，職場當中就別真情實感了，沒有什麼真朋友的」。可轉頭一想，我遇到的另一些朋友，我們美好單純的過往、仍在交往的現實都告訴我：也不全然是這樣的，職場

也不是沒有真朋友的，你看我們不就是嗎？

　　對呀，我和很多人不就是在職場中成了真正的朋友嗎？我又幹嘛要去懷疑這一點呢？

　　世界不是扁平的，它是圓的，是一個圈，生活也不是非黑即白的，它存在很多搖擺不定、沒有定論的灰色地帶。我們不能從一個極端滑向另一個極端，阻礙自己與其他人的可能性。不能在某些人、事、物之中收穫了失望，就斷言所有類似的人、事、物都會讓自己失望，這樣很幼稚。

　　但成年也確實無聊，交朋友不再是給一個蘋果、一顆糖這麼簡單，成年人的友誼複雜很多。但我們就記住一個態度就好：職場還是可以交到朋友的。但在職場中交朋友並不是目的，且一定要瞪大眼睛進行鑑別。

　　還是要說回一個「但是」。但是，這樣想，很多的友情也確實有點兒太費心力了。果然就如《被討厭的勇氣》中所說的：「人的一切煩惱皆來自人際關係。」希望我可以搬去大山裡，只和山鳥魚蟲交朋友就可以收穫無限滿足感。希望我真能這麼勇敢。

別害怕去在乎

你有沒有注意過，有這樣一種奇怪的現象：你越是在乎什麼事情，越要表現出很不在乎，似乎只有這樣，在失去的時候才能顯得沒那麼難看。

這種現象廣泛分布在各種人生階段，比如失去那個他的時候，深夜和朋友們玩鬧，要裝作與對方分開這件事情已經成為過去式，再也無法撼動自己的快樂，因為自己沒那麼在乎他了。但與朋友告別後，躲在角落裡哭泣的那個自己才知道，剛剛不過是在佯裝不在乎。又比如上學的時候，考試結果出來，明明很想得到第一名，但卻要表現出一副無所謂、不在乎的樣子，偶爾還會叫囂著第一名的生活多累呀，要活在家長和老師期待的眼神中，那種壓力一定很難過吧。可是心裡真的是這樣想的嗎？說不定那份被期待的壓力才是真的想要得到的吧？

我們很多時候不是害怕去在乎一件事情，而是在害怕：如果我在乎它，最後卻因為什麼原因失去了，這樣豈不是很難看？但如果我一開始就顯得沒那麼在乎，最後失去了，我就可以說「哈哈，好在一開始我就沒那麼在乎」，這樣的心

態似乎輕鬆一些，也更加酷一些。

　　講些陳年往事吧，算是挖掘我自己內心的陰暗角落。我算是從小成績還不錯的那種人，家長不會過分擔心我的學習，因為我的排名一直都在前幾。我有考第一的過往，可是卻在很長的時間裡都做著「千年老二」。可能在其他人看來，第二名不是也很好嘛，因為從我臉上也沒看出我很想當第一啊。現在可以坦誠地說，我真的很想做第一名，只不過就像我上面講的那樣，我怕我得不到第一那種「失去」的心情，所以才要佯裝出「不就是第一嗎？我還沒那麼想要呢」的樣子。

　　大學時我和同宿舍的一個室友一直處於暗暗較勁兒的情況，在朗誦比賽裡我們是奪冠熱門，在期末考試裡我們付出同樣多的時間複習功課，在學生社團裡我們是大家心裡的未來領袖，有好些時候我沒能競爭過她，做了第二名。我會在朋友中表示我沒那麼想做第一，做第一之後老師又會要求繼續參加這個或那個競爭，太麻煩了吧。即使是實實在在的可以拿到錢的「三好學生」、獎學金這種榮譽，我也表現得很不在乎，不就是多幾百塊錢嗎？我不在乎。

　　但我知道背後其實是我害怕一旦顯露出在乎，失去時會更難過的心態。

　　有次我在網上衝浪，看到抖森的一小段演講，他講述了

自己過去這種害怕在乎的經歷。他的前輩分享拿到角色的經驗，就是前一天喝個爛醉，第二天再去競爭自己想要的角色，那樣即使拿不到也沒關係。但是是個人都知道這樣肯定拿不到啊！所以抖森覺悟了，他不想要再表現出害怕在乎，他說：「因為這世上有許多人害怕去在乎，害怕顯露出他們的在乎，因為不夠酷，有了激情就顯得不淡定。越讓人覺得你並不在乎得失，真到失去的時候就越輕鬆；越表現出你在乎，失去就越艱難。」

前段時間《乘風破浪的姐姐》大紅，有好幾個姐姐都引發過爭議，而讓我一直矛盾糾結的是藍盈瑩。我其實有點佩服她，至少她大膽坦然地表示在乎比賽、在乎輸贏，她誠實地面對了自己，雖然這樣不討觀眾的歡心，但我想一部分的原因是因為我們這些「鹹魚」被戳中了：看，她努力了還不是沒有得到，起初那麼在乎幹嘛呢？可是，我們這些「廢人」在夜裡也免不了會躲在角落裡想：如果我最開始就誠實一些，就是在乎這些事兒，就是付出努力了，是不是失敗了也沒那麼難看呢？

另一個也讓我有這方面感觸的是《樂隊的夏天2》一開始的樂隊表演，白舉綱所在的樂隊表演後收穫了樂評人並不買帳的評論。他在收到負面評價時，很豪邁地講了一句「I don't care（我不在乎）」，眾人鼓掌稱爽。事後認真想一下，

他真的不在乎嗎？恰恰是因為在乎，所以才要擺出一種不在乎的姿態，至少能讓自己輕鬆一些。我對小白沒有任何意見，恰恰非常欣賞他認真對待音樂的態度。也許他不在乎的是名利和別人的評價，但他一定會在乎他的作品與他內心追求的音樂之間的距離，這是創作者最看重的一點。

要警惕一下這樣的心態，別害怕去在乎。在乎一件重要的事情不可恥，相反很有勇氣，至少這樣的一個開頭就注定了自己必將全力以赴了。

其實說到底，我就是想要告訴大家和我自己，我們都要關照自己真正的內心，在乎一件事情，就真心地告訴自己在乎，然後去努力，而不是佯裝不在乎、佯裝酷，轉嫁那些本該負起來的責任和本該需要付出的努力。

摘一段我在《被討厭的勇氣》裡看到的一段話，與大家共勉。

青年：「不想成功？這是什麼道理啊？」

哲人：「簡單地說就是害怕向前邁進或者是不想真正地努力。不願意為了改變自我而犧牲目前所享受的樂趣 —— 比如玩樂或休閒時間。也就是拿不出改變生活方式的『勇氣』，即使有些不滿或者不自由，也還是更願意維持現狀。」

用抖森的話來說就是：不要迴避你的情感。揮灑你的激情，再加上真誠和勤奮，該來的自然會來。

想要改變自己，改變自己的生活方式，就不要害怕在乎這些問題，去真正地努力，真正地向前邁進，該來的自然會來。

Chapter 4

你要走出去，看看自己的生活

人間都寂寞，你該去看看大海

　　我喜歡寫詩的男人，寺山修司、顧城、張棗、海桑……他們是能把生活變輕盈的妙藥，或者說，與其是喜歡寫詩的人，倒不如是喜歡過「詩意的生活」。但現在不怎麼敢提詩意的生活，不知道為什麼，心裡總會怵怵的，人人都在追求六便士的時代，一旦有人做了那個抬頭看月亮的人，他就會被嘲諷為奇怪、不合群。可能講遠了，我本來是想要講一下我在臺北漂流的這幾天。

　　我相信很多人應該都對臺灣抱有期待和好感，很多「九〇後」都是看著臺灣偶像劇長大的，對愛情、對生活的設想都曾受到影響。每個人都很溫柔，愛情總是不經意間就來，來的那個人非富即貴，再不濟也是個瀟灑的搖滾歌手，說不定在看海的時候還能看到海豚。懷抱著對臺灣的好感，我已經做了好多年的夢，發過很多誓，明年一定要去，拖了很久，今年的元旦終於實現。

臺北 101 跨年煙火大會

跨年來臺灣最期待的，自然就是 101 跨年煙火大會。我們即使經歷了行李丟失和電話卡失靈，也依然沒有磨滅去看煙火的興致。今年算是做了消費更新，去年在天津，想要在「天津之眼」上度過一年的最後一天，今年跑去臺灣，站在 101 大廈樓下跟一群人倒數跨年。在煙火大會前有明星的拼盤演唱會，擁擠的程度與北京地鐵的早高峰有一拼。而之後的很多天，我再也沒經歷過這樣的擁擠 —— 在臺灣，就是會保持著令人舒服的距離。

當倒數開始，每個人像說好了一樣，異口同聲。倒數結束後，煙火綻放，大家歡快地鼓掌，人和人之間即使不認識，也會互相說聲「新年快樂」。「新年快樂」這四個字好像變得溫柔又有力量，我們本不相識，卻在陌生的時間和空間裡，給予對方最衷心的祝福。這一年大家似乎都過得很辛苦，對世界的失望一次又一次，但還好始終沒有放棄希望，那麼明年真的要快樂呀！

「打卡地標」這件事，我真的說不上是願意還是不願意

來到一個地方，好像一定要去到一些「地標」地點，去北京一定要去天安門，去臺北一定要去 101 大樓、西門町，

去東京一定要去銀座，去巴黎一定要看看艾菲爾鐵塔……談不上意義，只是說，真的存在一種旅遊哲學是「來都來了」。「來都來了，你怎麼不去 ×× 和 ×× 玩兒呢？」、「來都來了，我們為何不試試看呢？」生命確實重在體驗，可有時候，有些體驗又會讓人覺得好像真的沒什麼必要。

去地標地點其實不會讓人產生驚喜，你知道那些地方它只是因為存在，被各種人各懷心事地賦予了意義，但其實是沒太大意義的。那為什麼還去呢？於我而言，大概是為了堵悠悠之口吧。

各種紀念館，從名字就知道它們的存在是為了紀念，但對我來說，主要的作用真的只是轉轉。各種夜市，嘗過幾個後覺得並不合口味。但臺北故宮、市立美術館、淡水、野柳是我特別推薦去看看的地方。在臺北故宮，你會看到數不清的珍寶，它們有序地展露出歷史的痕跡，看著它們似乎就可以回到那些久遠的年代。站在故宮裡，會讓自己產生一種無知感，瘋狂地想要補課。世界真的太大了，我們知道的實在不多，不知道大家都在驕傲什麼。

市立美術館不完全算「地標」地點，只是因為我們都自詡熱愛藝術，所以一定會選擇美術館這種地方。裡面的布展定期會更換，我們恰好遇到的是一些意識流的當代藝術展覽。有好幾個展廳，放著老舊的幻燈片放映機，將照片投射

在幕布上，一張一張發出「咔嗒、咔嗒」聲，像時間流逝的聲音。黑漆漆的展廳裡，安靜地放著一些短片，地上散落幾個「豆豆包」，找空著的坐下去。在黑暗裡的時候，覺得自己是安全的，像是很久沒有回去也不可能回去的母親的子宮。

淡水邊，流浪歌手在唱《幸福的瞬間》

去淡水的那天，是旅程的倒數第三天，天氣意外放晴，心裡喜滋滋的。我們租了單車沿著海岸騎行，路過一座雕塑，被它身上一個美麗的故事打動。那個雕塑叫《忽忽和馬小三》，著名的愛貓女作家忽忽，為保護淡水街的貓做出了很多實際貢獻，某一天餵過街貓後在返家途中，被騎機車的大學生撞倒，不治身亡。朋友們不想忘記她，就把她小時候的形象和街貓的形象做成雕塑，永遠陪著淡水的街貓。心裡被這個溫柔的故事深深打動，一個人愛著世界的同時，也被世界愛著，即使走得出乎意料，也算善始善終了。

在淡水可以看到很多街頭表演藝術家，我們接近淡水漁人碼頭的時候，看著大海已經很開心了，巧遇一個唱歌很好聽的流浪歌手，想要認真聽他唱完一首歌，就一起坐在他的對面，默默聽他唱完。他唱的歌，正好是《幸福的瞬間》，是我少女時代很喜歡的偶像劇《海豚灣戀人》的插曲。雖然

歌名很俗，但當下那一刻，我和喜歡的人坐在一起聽著歌，在喜歡的大海面前，真的只能用「幸福的瞬間」來形容了。

人間都寂寞，你該去看看大海

第二次看大海，是在野柳地質公園。接近關門的時候才買票進來，本來以為只是個簡簡單單的、展示著著名的「女王頭」的公園而已。結果，卻被這裡的大海深深震驚到了。

那海極具生命力，我們走的路靠近海的邊際，而另一頭的邊際，基本是不存在的。遠處就是天空，海水不是藍色，也不是綠色，介於藍與綠中間，於不明晰處，令人生出喜愛之情。一遍一遍，你只能看到海浪撲過來又返回去，再撲過來再返回去，不知疲倦，永恆地這麼做著。當時我寫下：我們只在世上存在幾十年，淺薄又愚昧，而海浪，它們拍了百萬年，還不知疲倦呢。人跟海相比，實在是渺小得可憐。

這裡很神奇的地方是，似乎走一走就可以看到大海的不同面目，真後悔沒有早一點進來看海。

說回到文章開頭，我喜歡寫詩的男人，寺山修司寫過不少海，有一首是這樣：

如何難過的早上／如何悽楚的晚上／都會結束／人生總會結束／唯有海不會結束／感到悲傷的時候／去看大海／一個人寂寞的時候／去看大海

　　這次更是這麼覺得 —— 人間都寂寞，你我都該去看看大海。看著大海，就會覺得很多事都釋然了，有什麼好計較的呢？日子還有那麼長。

沖繩美好的六個瞬間

　　四月一日從沖繩返回北京，在機場候機的時候，我關注的社交平台像炸了鍋一樣在討論日本新年號：令和。聽說新年號出自日本最早的詩歌總集《萬葉集》中關於梅花的和歌，它的寓意是「春風和煦的天氣下，感受到生活的自然與美好」。我手裡還攥著一些硬幣，計劃著要花掉大部分，不然回到國內不能兌換豈不是虧了。硬幣上寫的都是「平成 ×年」，突然有種離歷史很近的感覺。我在平成時代的最後一個月來過日本，那麼再來的時候，便是一個新的時代了。那時，我們一定更能感受到生活的自然與美好吧。

　　這幾天在沖繩，那種震撼感不似在東京，可能也是因為沖繩真的是最不像日本的日本地區，但怎樣又是「日本」呢？就像怎樣才算我們自己呢？把每一部分單拎出來，也無法說「這一小塊兒就是我自己」吧。我想起尤瓦爾在《人類簡史》裡有一段對消費主義和旅行的解釋，原話不太記得，大意應該是說：旅行就是在購買一種「體驗」。既然是購買體驗，我們沒有非常多的規劃，就把自己扔進陌生的環境中

去探索，去看看作為幾日沖繩人，我們可以怎麼生活。

我想到六個讓我可以記住沖繩的瞬間。

夢想可以看到座頭鯨，但現實頻繁地教育了我

我們出行的第一天就買了當地的船票，想要趕在初春的尾巴，看看座頭鯨。聽說牠們在四月前出現在海面上的機率是百分之九十八。我很想看看這種美麗神奇的生物，於是早早就做好準備。結果臨行前半小時被告知，海面風浪太大，鯨公司出於安全考慮不會出海，只好改期。

中間隔了一天，在旅途結束的前一天，也是一樣準備好要跟著出海。可是，那天也是因為風浪太大無法成行，看來此行注定看不成鯨魚了。

我問K：「你有沒有特別渴望看到鯨魚？」

K說：「其實也還好。」

我心裡想，其實也還好，如果可以看到，那自然最好不過，但我們的運氣似乎就是這樣呢，看不到也算留個念想。當然，因為看不了鯨魚，我們空出來的時間就去探索了很多不算旅行「打卡地」的地方，也算是一些生活中的「小確幸」。人生不會永遠幸運，也不會永遠不幸，相信有轉機，可能真的就會有轉機了。這是沖繩教我的第一課。

231

首里城的雨真是好急啊，我們其實可以不用跑的

　　無法出海觀賞鯨魚，我們就跑去首里城，它是沖繩還是「琉球國」的時候琉球國王居住和處理重要事務的地方，其實就是沖繩的「故宮」，只是這裡的規模大概沒有故宮的御花園大。

　　在裡面穿行的時候還沒有感覺到歷史的厚重，只覺得紅色的牆和淺黃色的屋頂拍出來應該很好看。當我們準備離開首里城的時候，天就下起大雨，雨真是急呀，我們又沒有帶傘，只好躲在城門下，看別人拿著傘三三兩兩地離開。我感受到難得的平靜，手機沒有訊號，我可以真的離真實生活很近。

　　雨漸漸停了一些，K 在溼滑的石子路上滑行，我拍照。當雨再大起來的時候，K 就喊我往前跑，我則講「其實雨大是不需要跑的，因為你跑到前面還是雨，還會因為跑得太快，淋到更多的雨」。我這種歪理果然沒被採納，我們急急忙忙找到一個便利店，等雨停。但其實，我們真的可以不用跑，慢慢等它停就好。

沖繩的小孩，真是純粹到讓人愛不完

　　也是在躲雨的同時，有一群穿著雨衣的小學生，應該是一二年級或者更小，在一名老師的帶領下，站在便利店外面

232

等雨停。一個小女孩不斷地在窗戶上呼氣，熱氣碰到冷玻璃形成一片白霧，她便在玻璃上畫笑臉、畫愛心、畫向日葵，畫完一個就擦去重新呼氣再畫一個，如此往復。我一直看著她，她也發現我，我笑笑，看她在窗戶上畫了一個愛心，中間嵌入笑臉。老師喊他們走，她衝我揮揮手，我遺憾沒有拿手機拍下來，她畫在玻璃上的愛心就沒有了。

還有另一個小男孩，是我們坐在商場裡休息的時候碰到的，眼睛大大圓圓，穿著條紋 T 恤和短褲，坐在我前面，時不時回頭打量我一下，看到我在看他，又像隻小貓一樣飛快轉過頭去，我故意裝作不看他，他就再偷瞄幾眼，等我再盯著他，他又飛快地轉過去，假裝什麼都沒有發生過，可愛極了。等到他媽媽來喊他，他就跳著叫著媽媽，接過冰淇淋，被媽媽牽走了。

印象深刻的還有一個小女孩，那時我們在古宇利島的海灘上，參加的一日團只讓我們待在這裡半小時。有那麼一家人，應該是當地人，年輕的父母帶著三個小孩子，其中一個小女孩穿著漂亮的花泳衣，一次次地跑到距離海很近的岸邊，躺下來，等海浪撲過來，她就變得異常高興。父母也不會喊她趕緊上岸，就讓她接近自然，那個小孩笑得陽光極了。

真好啊，他們懷有一個孩子最珍貴的天真和純粹，周遭

的環境也在保護他們的天真和純粹。他們對這個世界抱有最大的好奇心，屢屢伸出小觸角來探索、擴展他們的認知範圍，真希望他們可以一直這樣。

我感覺看到了生活本來的面目

　　無法出海看鯨，我們就騎著單車隨意瞎逛，看到很多穿著棒球服的少年，都奔向一個地方 —— 體育場，我們也跟著他們走進去，門票不貴，就買了兩張，他們叫「野球賽」。進到體育場內，人真是多呢，男女老少，各年齡層都有。很多老伯們一本正經地討論著少年的技術，場上參加比賽的少年自然是全力以赴，而場外做啦啦隊的少年們也是幹勁十足。雖然不是很懂他們的規則，但那種熱血和青春真是可以感染到人。

　　騎著單車繼續走，隨處可以發現驚喜。沖繩人真的很熱愛運動，或者說熱愛自然。我們看到有人打網球，有人在公園裡騎單車，還有人在打我也不知道叫什麼名字的球。若是時間早些，還可以看到各個年齡層的人在晨跑，非常健康和令人嚮往的生活方式。於我們這種所謂「上班族」而言，每日早晨大概只想多睡半小時，而不是整理儀容出門跑步吧。

　　途經各種不具名的河邊的時候，還有不少人在釣魚，也不確定他們是不是可以真的釣上來，但那種認真在生活的模

樣，真的很打動我。

有種感覺我說不上來，我試試看吧。今年我覺得我最大的問題，就是要好好思考一下如何生活，或者說如何生活得有質感和幸福感，這種質感一定不是收入高就可以提升的，我覺得更是對生活的哲學思考。

在沖繩，我可以看到他們認真生活的模樣，那在我生活的地方可以實現嗎？或者我在別處可以實現嗎？或者是不是我忽視了很多細節呢？我不知道，所以我去找。

我們都可以很優雅地老去，但是可能需要想辦法

在餐廳吃飯的時候，碰到的大多數是白髮蒼蒼的老人，年輕人反而很少，在他們身上我沒有看到那種晚景淒涼之感，而是即使老了卻仍然生機勃勃的感覺。在這些老人的身上，仍能感受到他們對自己是有要求的，絲毫不亂的頭髮，不減時尚的衣飾，注重細節，不會覺得自己年老了就放鬆對自己的要求。同時，還有很大一部分老年人仍在各自的工作職位上，老齡化的問題暫且不說，那份精神和優雅的氣質，會讓我不斷地去想一個問題：我老了，也可以這樣嗎？

回來的飛機上我看完一部電影《喜喪》，但內容卻並不「喜」，在這裡面可以看見大部分中國老人的晚景，絕大部分人的生活品質取決於子女，電影中的老人像包袱一樣被眾多

子女擲來擲去，大家都盼著她快點進養老院。但老人似乎已經覺察到自己活著只是負累，徒增兒女的負擔，在正要進養老院的前一晚服藥自殺了。

這樣一對比，真的蠻震撼的。我們都想要老了也是有尊嚴、有臉面的，但怎麼樣實現，似乎需要想很多辦法。可能會有人覺得自己年紀輕暫時不需要想這些，那麼至少該想想怎麼提高父母的老年生活品質。

朱生豪寫給宋清如的情書說：「不要愁老之將至，你老了一定很可愛。而且，假如你老了十歲，我當然也同樣老了十歲，世界也老了十歲，上帝也老了十歲，一切都是一樣。」可是怎麼不愁呢？這個我也暫時沒有答案。

令和來了後，平成時代真的就落幕了

在「國際通」逛街的時候，進到第一牧志公設市場裡。這裡本來是當地人採購日常食材的地方，後來慢慢發展成遊客必去體驗的沖繩一景。有非常便宜的生魚片，一盒裡有很多種類，也只收五百日元。

我們湊巧買了一個老奶奶的生魚片壽司，她悄悄塞給我們一瓶味道很好的醬油，我用我僅有的一點日語理解能力，知道她的意思是說這個免費給我們嘗，不然我們還需要給錢才可以嘗到呢。她還三番五次「噓」的一聲和眨眼睛，暗示

我們不要聲張，我覺得這老太太實在有意思。

　　而第二天，參加北部一日遊的時候，導遊小姐姐說第一牧志公設市場四月分就要拆除了，也就是說我們趕上了它的最後時刻。

　　在一篇文章裡看到：「平成時代的即將結束也帶來了傷感的氣息。去年的夏天是『平成最後的夏天』，天空中綻放的是『平成最後的煙花』，夏天的末尾，『平成最後的甲子園』如期舉辦⋯⋯」而我們，則趕在平成最後的春天，在平成最後的牧志公設市場吃過一個好玩兒的老太太賣的生魚片壽司。

　　令和年來了後，平成時代真的就落幕了。不是表達對他們年號有怎樣的感受，而是覺得當一切開始倒數，很多事情就變得珍貴異常。我們當然不會預知哪一個時刻才是最後的時刻，所以只好珍惜現在，享受當下。

　　其實讓我記得的瞬間還有很多，比如在美麗海水族館看到的大鯨鯊，讓我深感人類的渺小；比如在美國村，可以感受到沖繩融合了那麼多種文化而產生的獨特氣質；比如日本的廁所永遠乾乾淨淨；比如陌生人之間永遠保持一種既熱情親密又不至於距離過近的分寸感⋯⋯都讓我覺得，生活其實可以只去生活就好了。

　　《萬葉集》裡寫：「於時初春令月，氣淑風和。」

　　真的很美，在春風和煦的天氣裡，希望我們都可以感受到生活的自然與美好，真的去生活，而不是營造生活的假象。

往九點後才日落的地方去

　　這兩週基本都是在各式各樣的路上度過的，從新疆喀什再到西藏的日喀則和拉薩，僅僅三地，已然讓我見識到從未見識過的自然的奇蹟，並被少數民族的特性深深折服。

　　也基本上是沒怎麼寫東西的兩週，途中眼睛和手都被占據，眼睛要看與我們非常不同的風景和人，手要忙著拍照、拍影片記錄，實在抽不出多餘的眼睛和手來記錄腦袋裡的東西。前天回到北京，稍微休息了一天，也差不多該整理一下了。

　　那麼這次我想給你講講新疆喀什 —— 這個九點後才日落的地方。

新疆喀什：九點後才日落

　　雖然喀什古城上寫著「不到喀什就不算到新疆」，但由於我來新疆的第一站就選在喀什，所以並不能完全感受到這句話。但所謂的「北疆看風景，南疆看人文」是確信無疑的，在喀什，我看到與我們不同的人還是有些驚異的。

　　總算體驗到日落發生在晚上九點後的感覺，即使手錶已經

顯示是晚上九點了，而感覺卻像夏日黃昏的七點鐘。陽光變得越來越微弱，但人們才初上街頭。熙熙攘攘的街頭是人們的叫賣聲、討價還價聲，還有孩子們嘻嘻哈哈玩鬧的聲音。空氣中飄著的是羊肉味兒，各式各樣的羊肉味兒，似乎每個漂亮的新疆女人身上都飄散著這樣的溫潤味道，香妃不過如此吧。

我們坐機場大巴到住的酒店，靠近司機的位置坐著一位美麗的中年女性，她穿著超具氣質的玫瑰花短裙，身體的曲線被襯托得很有風情，我想她這樣的新疆女性應該是莫妮卡·貝魯奇在中國美美老去的樣子吧。

在喀什完完整整地待了五天，其中有三天時間是在喀什古城裡晃盪，最大的企圖便是和當地的小孩子聊聊天，一早就聽人說只要遊人跟他們打招呼說「你好」，他們是非常喜歡跟這些漢族人交流的。

沿途還遇到了很多友好的小朋友，在我們休息的時候主動和我們攀談，有一個小孩子不願意與我們分別，即使是在快要回家的時候，她也希望我們聽她背完課文再走。能結交這樣友好的小朋友，共同度過一小段旅途時光，真是人生的幸事一件。

我們在喀什古城當「街溜子」的三天裡，晃盪到路上可以看到很多彼此相熟的老人，他們見了面都是非常熱情地握手，然後親切地聊會兒天，給人一種他們非常珍視彼此的感

240

覺。相比我們在日常生活中見到的人，這裡人與人之間似乎更加溫柔、更加親近一些。

甚至有一次，我們剛從咖啡店出來，一個老人就要來「打我的頭」，我還有點兒發矇，結果老人用稍顯生硬的漢語說：「妳很像我的女兒，我的女兒現在已經很大了，妳像她年輕的時候。」這是我根據他字句中重複的字眼兒翻譯出來的。當時就覺得：原來有這麼神奇的事情呀！只是老人數次揚起手來，不知道是要打我還是摸我，多少讓我有點兒害怕。最後他笑咪咪地衝我們擺擺手離開了。這也是非常神奇的一次人間際遇，想必老人的女兒即使現在年齡漸長，但在老人的心裡，還是會有不少她小時候的溫柔記憶吧。

在喀什的每個晚上都可以把月亮看得清清楚楚，那種清楚跟在大城市是不一樣的，是萬里無雲，是一覽無餘，是彷彿我伸出手就可以夠得到的高度，是亮到我根本不想去撿地上的六便士，是只想要看著它，彷彿看著它世界上的憂愁就全沒有了。

這個九點後才日落的地方，我們一定會再來的。

塔什庫爾干：旅行只有沿途的風景才是最美的

步伐已經邁到喀什了，塔縣還能不來一下嗎？塔縣，即為塔什庫爾干塔吉克自治縣。喀什到塔縣的精髓就在於沿途

的風景，沿途盡是些奇妙、瑰麗、夢幻之境。旅途就是這樣，目的地沒有那麼重要，重要的總在沿途的風景。這句話講出來雖然被自己土到了，但不得不承認事實確實如此。

這一路我們可以看到發紅的山，可以看到沙子吹上山形成的白沙丘，而白沙丘又剛好倒映著腳下的白沙湖。眼見的時候一時之間竟讓人分不清湖水的平面到底在哪裡，只有當風吹皺湖面的時候，才能分得出來哪裡是湖，哪裡是山。一路上，一直在我們前面的是海拔七千五百多公尺的慕士塔格峰，我百度了一下，慕士塔格峰屬於崑崙山脈，是西崑崙山脈第三高峰。慕士塔格峰、公格爾峰、公格爾九別峰，三山聳立，如同擎天玉柱，屹立在美麗的帕米爾高原上，成為帕米爾高原的標誌和代表。

這就是一路我們可以看到的風景。

看到那些奇特的地貌景觀時，只覺得自己非常渺小，自己的酸甜苦辣都非常渺小。時間經歷了成千上萬年才讓這些地方形成這樣的樣貌，我們才不過暫居地球幾十年，還在煩惱些有的沒的，真是不值得啊。而地球在太陽系中也不過是一顆普通的行星，和其他繞著太陽轉的行星區別不大，最大的區別可能是有我們這些煩惱的生物存在吧。而太陽系又是宇宙中無數個星系的其中之一，可見在宇宙之中我們真是小得不如螻蟻。

　　而我們所存在的時間，如佛所言，不過剎那。在時間的洪流裡，我們的愛恨情仇真是小到不能再小了，所以我們煩惱那麼多幹嘛呢？就順其自然吧。

　　這一路上手機訊號非常不好，幾乎等於沒有，我難得地把手機扔掉，去看看周圍的風景，讓自己把腦袋裡的東西釋放出來。

　　但，比較不完美的一點是我和 K 都在塔縣「高山反應」了，聯想到接下來沒多久就要去西藏，對「高山反應」還是有點兒恐懼的。

　　在喀什的這幾天，遇到那麼多奇妙的、與眾不同的景觀和人文，還是非常震撼的。世界上有那麼多與我們不一樣的人在別處生活著，每個人都在自己的小小軌道上努力著、前進著，沒有人是最不幸的，也沒有人是最幸運的，每個人都是極普通又不凡的人，而我們各自的疑慮和煩惱，就隨著九點後的日落一起消散吧。

在飛機沒有起飛的兩個小時裡

中原標準時間四月一日二十一點十八分。

現代人突然多出來的兩個小時，在飛機上。前座的小朋友百無聊賴地對著窗子唱歌，他可能不知道發生了什麼，但實際確實也並沒有發生什麼，不過是日常延誤而已。於是我們突然多出來兩個小時，不知道要幹什麼的兩個小時。

原定二十三點四十五分落地北京，目前變成二十三點才起飛，這讓大部分人都著急起來，幾個女孩子紛紛打電話「要晚一點兒才到，你們可以晚點兒再來，或者不要來了，我自己 OK 的」。

水在這個時候變得特別重要，我已經聽到很多人跟空姐要了水，一杯不夠就再一杯，反正不要錢，誰會不喜歡不要錢的東西呢？包括我在內，大概沒有人不喜歡吧。不過我不愛喝水。空姐這會兒真是忙碌，要記得座位號碼，要記得是哪位小姐要了水，而哪位小姐又脾氣暴，已經催促了好幾回。

國外友人明顯放鬆一些，飛不了就先聊聊天嘛。可惜我口語還沒有溜到對答如流，所以沒有加入聊天的隊伍，回到

北京一定要惡補。說到惡補，補了幹什麼呢？又提到「學習的意義」這個問題，似乎學習的目的就是一定要「有用」，而有用是這個世界上最沒有用的東西，因為很多事情其實真的沒什麼用，春風、夏雨、秋天的落葉和冬天的雪，都沒什麼具體作用，但似乎對生態平衡有用，對人的心情有用，那有用和沒用的界限還真是不夠明晰呢。

　　手機此時是沒有網的，但是怎麼其他人可以接電話和發微信呢？我的手機是沒有網的，這時就體會到離線下載的重要性，幸好 K 提前告訴我要先下幾期節目，在沒有網的這個時間裡，我聽了好幾個故事，有的精采，有的揪心，有的給我啟發，有的不過如此。我樂得像是撿了兩個小時。手機像塊兒磚頭，完全無人可以聯繫，這時就發覺自己其實沒那麼重要，而視我重要的人，一個在我身邊，另一些在老家，只是剛剛沒有跟他們講飛機要延誤了，害怕他們擔心。

　　我們在現代世界裡，每天被各種資訊「填」滿，但其實心裡還非常空虛，被消費主義的假象包圍，被不具名的慾望包圍，但是真實的生活在哪兒，我暫時找不到，所以要多出門旅行，看看別人的生活是怎樣的，想想看他們的生活是不是適合自己，以及我未來的生活有多少可能性。今天好像特別焦慮：應該在哪裡生活？應該過怎樣的生活？和誰一起生活倒是暫定了，這一點還是欣慰的。

似乎是因為三十歲快到了，竟然發現自己其實並無過人之處，普通到不能再普通，每個領域都會沾一點兒，可是每個領域都只沾了那麼一點兒，想要鑽研在其中一處，又發現其他事情我也喜歡呢，我還真是容易喜新厭舊。

在飛機上坐了一個小時，我暫時沒有靈感了。

我們坐在海邊的時候，什麼都不想

　　我喜歡海，尤其喜歡看海浪拍打岩石。它們有時輕柔，像情人的手輕輕地摸過去，蜻蜓點水般掠過；有時會狂暴，拍不死石頭不罷休一樣。我現在已經忘記自己第一次見到大海是怎樣的心情，應該是比較平靜的，一如往後很多次看海一樣，應該沒有尖叫，學青春偶像劇那樣喊「大海，我來了」。

　　很幸運也很巧合的是，我的名字裡有「海」，應該是注定的吧，我的名字裡我喜歡的兩樣東西，一樣是大海，一樣是天空。它們同時又帶著我喜歡的顏色 —— 藍色，這一切應該是一早就寫好的劇本，不過此處我只是突然想到就寫下來。

　　之前的旅行計畫是有兩個選擇，一個是大西北，一個是大海邊，雖然大西北的遼闊也很吸引人，但最終我還是選擇了更喜歡的海。於是，我們又去了一個海濱城市 —— 廈門。

　　在城市漂流的時候，其實內心毫無波瀾，真的是從自己熟悉的現代城市換到另一個自己不熟悉的同樣現代的城市，但周遭並無太大變化，唯一的不同是這個城市有海，大概走

幾公里就可以去擁抱大海。可是也會因為人多而破壞了興致，人一多的時候我就會有種不適感，這麼多年我還是無法學會在人群裡自如地穿行。

　　旅行的後兩天我們住在鼓浪嶼，一個相對獨立的小島，做了兩日島民。頭一晚，我們照例選擇了去看海。港仔後海灘，沙子細軟，適合長時間坐著。可惜這天多雲，天空看不到月亮，也沒有星星。我們長久地坐在沙灘上，什麼都不想，只是拿出彼此認為最適合那個時間段的音樂交換，我覺得好聽的時候會站起來跳跳舞，我們也會跟著音樂唱歌，海給了我平靜。

　　我當時覺得自己是個幸福到空白的人，我沒有更多欲求，我現在所得的一切是我當下最滿足的。我會羨慕朋友們過著比我更好的生活，有的人創業了，口中動輒幾十萬上百萬的大單子，而我還會對買貴一些的衣物思前想後；有的人結婚生子了，他們的追求更為現實，希望給小寶貝們更好的成長環境。這些都會讓我偶爾羨慕，但我還是更喜歡我自己的生活 —— 一份雖然在小公司，但是可以發揮自己所長的工作；一個我在意也在意我的男朋友；一個小時候會厭惡，現在卻無比珍惜的家庭。我也不像前幾年那樣會被沉重的財務狀況壓到喘不過氣，現在的我在自己的財務上更遊刃有餘，不是說賺很多，而是說更加可以把控自己。

　　這一切好像讓我「空白」，就像我自己說的，我沒有更多欲求。我覺得當時我們並肩坐在海邊，看著眼前模糊的大海，什麼都沒有想，也不需要刻意地聊天，只是聽聽音樂和海風，就是再好不過的了。我不去刻意地尋求生活的意義，但好像生活變得更有意義了。這裡的空白，是我可以真的不用想什麼事情，就想當下就好。

　　我想起有句話，好像是上次沖繩回來的時候在某本書裡看到的，於是摘抄了下來。

　　「我們的一生，都是由兩種人組成：一種是我們認識和親近的人，一種是陌生人。我們的一生也由兩種地方組成：一種是我們留守和駐足的地方，還有一種是我們從未到達的近處或者遠方。」

　　不就是那一刻的我嗎？在我從未到達的地方短暫駐足，陪著親近的人，與無數陌生人擦肩而過，而我什麼都不用想，因為內心非常平靜。

　　啊，我知道了，我覺得「空白」是因為那時的我太平靜、平和了，以至於我現在想起來還能記起那種感覺。這大概就是很多人說的「inner peace」（內心平靜）吧，而我追到了它了。

　　返回北京，打車回家的路上，我想起了父母，想起了家。回家對我來說總是有些恐懼。我恐懼的不是要面對父母

的不知所云，而是我回來一趟必然會給他們帶來新的思念。回去的短短幾天，根本無法緩解他們的思念之情。我現在甚至害怕與別人討論和父母相關的話題，因為我知道我肯定會哭，我哭起來太醜了。

這可能也是我旅行的謊言之一吧。而我現在發現，最重要的一點是，我能找到平靜，且感受到它的力量了。是透過看海，透過什麼都不刻意去想得來的。

我看過藍色的、墨綠色的、翠綠色的、墨藍色的海，每一種顏色的海，每一朵沒有名字的浪花，都是能讓我快速去找到平靜的所在。

我不知道看到或聽到的人懂不懂我在講的東西，也許很亂，也許沒什麼邏輯，但我是多麼急切地想要告訴旁人，我感受到平靜的巨大力量了，它真的存在，而我希望旁人也可以找到。

今天我看到蔡康永的訪談：「人為了索取快樂，做出很多不太應該做的事情的時候，這個人會擺盪得很厲害。他越是努力地要找快樂，結果越是花越大的力氣去抓，也抓不到。」、「如果把人生寄託在快樂上面，其實不是一個值得寄託的地方 —— 平靜才是值得寄託的那個地方。」

我想我也懂了。

趴在欄杆上看夕陽才是正經事

回到北京後，夏天似乎就真的結束了，而我還帶著從京都回來的炎熱感。我喜歡夏天，喜歡夏天的多姿多采，喜歡在夏天什麼都可能發生的感覺。所以明顯感覺到夏天結束的瞬間，還是覺得有一點點傷感，可能是成年人最微小的驚天動地了吧。

中秋的時候，我們策劃了一次到名古屋、大阪、京都的三地五日遊，為什麼是這三個地方呢？因為到名古屋的往返機票比到大阪的便宜太多，而我們又很想去大阪、京都兩地，所以出此決策。原因不複雜，就是為了省錢。我們周密計劃了每一站應該要去的地方，精確到時間，結果非常完美，基本百分之九十都按照行程安排進行，所以周密的計畫不是沒有用的。

而我們所有的隨性都在周密之間的驚喜，計劃是提供安全感的部分，而隨性則是滿足我們個性的部分。

我可能會比較沒有條理，只是簡單敘述這五天裡我想要銘記的瞬間。記錄是一件時間跨度越久越有意義的事情，我越來越感受到其中的美好。那麼，開始吧。

名古屋

我們先是落腳名古屋，跑去找名古屋城的時候，天已經快要黑了，我已經穿了輕巧的婚紗準備拍照，光線不夠，路燈下，街頭紅綠燈就是我們的補光燈。最後的效果看起來還是不錯的，居然有種協調的復古感。

名古屋這個城市人相對少，也許最開始會覺得有點兒無聊，但其實碰到的人和事物總會給我一些驚喜。我碰到在綠洲 21 頂層玩水的小孩，很漂亮的混血寶寶，即使被父母喝斥勒令不許玩水，依舊玩得不亦樂乎。是不是全世界的父母都是類似的？是不是全世界的小朋友都會聽到很多的「不行」、「不可以」？

對名古屋城印象不深刻了，但是旁邊有一條街，我們在那裡拍了好多照片，會有熱心的人來問我們：「写真を撮る必要がありますか？」（需要幫你們拍照嗎？）其實日本人也沒有傳說中那麼冷漠吧。

夜裡有好幾撥學生模樣的樂隊在路邊演出，聽眾們井然有序地圍成一個圈，有些投入的少年少女還會跟著跳舞，被打動的年輕姑娘默默流眼淚……可以自由玩音樂的城市真好啊！

大阪

大阪與東京相比，稍顯粗獷和自在，同樣是大城市，擁擠、嘈雜不可避免，但美好的景色依舊美好。

我們在大阪的時候，看到兩次很美的夕陽，一次在住房樓頂，一次在海遊館外的海邊。夕陽存在的意義就是讓人記得這個世界是有溫柔一面的。

大阪的住所外面遍布無家可歸者，他們真的排得整整齊齊地睡著，絲毫不管路人好奇的眼光。第二天早晨出門再次經過，無家可歸者們似乎在舉行什麼集會，他們在紙板上、橋上寫了自己的夙願，我驚嘆其文案能力，有一句是「令和、世間の風は冷たい」（令和，世間的風好冷啊），真的是非常細微動人的洞察，可是看到成群結隊的無家可歸者們還是有點兒不自覺地緊張。

大阪海遊城外的天保山摩天輪號稱是世界最大的摩天輪，之前在天津也想要坐摩天輪，可是需要等兩三個小時才可以，而這個世界最大的摩天輪也僅僅要排隊二三十分鐘而已，我已經很滿足了。有一點點恐高，但俯瞰整個城市夜景，旁邊又是海，就抱著既害怕又欣喜的複雜心情，跟著摩天輪轉了一圈。

京都

　　最喜歡京都，剛好去京都的兩天裡天氣都很好，配合京都的建築，感覺眼睛像被洗過一樣。熱門的打卡地，如果沒有那麼多人的話，是極美極好的，可是人一多就讓人喪失興趣了。像清水寺、八坂神社這些建築真是極美，我們在沒人的時候去過，瞬間喪失了語言能力，只驚呼「太美」「太好看」了。京都的建築看起來每個都不一樣，但放在一起又具有極強的和諧感。我們意外碰到了視覺系樂隊鼻祖 KISS 樂隊做宣傳，親眼看到還是非常震撼的。

　　夜晚的鴨川非常治癒，我們沿著河邊走，路上都是年輕人，或坐或躺在河邊，有一堆年輕人彈著吉他唱著歌。這樣的生活狀態簡直就是我理想中的生活。

　　我們在一家二手書店買到兩本雜誌，一共五百日元，人民幣三十多塊，但書的質感看起來仍然是全新的。其中一本是元彬的電影寫真，滿足我的。另一本是一個眼睛圓圓的日本女演員，當時不知道是誰，回來後發現她是藥師丸博子，她的前夫玉置浩二是我們都很喜歡的一個日本歌手，驚嘆真是緣分啊。

　　從京都趕回名古屋中部機場，我們選擇在網上早早買好大巴票，但是因為不熟悉地形，繞了很多冤枉路。在距離開車一分鐘時終於找到了，沒命狂奔，奔到車前，車子就要開走了，

我也顧不上什麼面子了，瘋狂搖手，司機人賊好，檢查了我們的預約訊息就叫我們趕緊上車了。這次經歷可是得寫入我們的人生史冊了吧。你還記得你上次為什麼事兒狂奔過嗎？

大巴開上高速路，跟國內的長途車沒什麼分別。我們意外看到了極美的海上日落，海面波光粼粼，像極了小學課本裡描寫的景象。走在長島上的時候，兩面都是海，一望無際，海上零星有帆船出現，夕陽灑在海面上，背後的天空還是水洗過的藍色。我說：「如果我住在這裡，心裡有不開心的事情，只要開車來看看這樣的海，就會被不自覺治癒了。」

車上的人很少，加司機一共六個人，可是發車從不耽誤，司機仍然恪盡職守，該播報的地方就播報，我很佩服這樣的職業精神。

五天的時間裡，因為手機不方便換別的卡，所以我基本是在無手機狀態下走完了全程。然後發現，其實生活也不完全需要手機，手機對我來說，變成了相機，變成了不會輕易想起來的對象。地鐵裡很多人都抱著書來讀，所以比較安靜。當然有偷偷瞄到旁邊日本人的手機，那個網速簡直讓人想摔手機，所以他們看書也情有可原啦。

回來後，恍惚之間，我還會思考我們生活的意義是什麼呢？

是匆忙趕車，為前途奔波？是偶爾停步，為未知迷茫？是享受生活，為體驗更多？還是……

其實都是。

可是要問生活的意義之於我，是趴在欄杆上看夕陽，是路過鴨川聽人唱歌，是狂奔去趕大巴，是這些瞬間匯成的那幾天。

前方啊沒有方向

　　從昆明去大理的路上，兩個多小時的路程，我們看完了上週末的《樂隊的夏天 2》。其實現在叫我回憶每個樂隊都演出了什麼，印象已經沒有那麼深刻了，我唯獨被戳中的是 Mandarin 在選曲時選了伍佰的《白鴿》，與主唱被戳中的點一樣，我聽到第一句「前方啊沒有方向」的時候也瞬間被擊中。就是這樣一句簡單的歌詞，迴響在我正前進去大理的路上。我知道我的前進方向是大理，但我知道這不是我所謂的「前方」。

　　我們總說前方，但我知道大多數人都不確定自己的前方在哪裡。就像我們這次一起裸辭後，要去不同的城市，可它們是我們真正的前方嗎？我現在還不知道。

　　可以將前方轉化成目的地吧，就像旅行的時候需要一個終點站，像奮鬥的時候需要一個奮鬥的目標，像人生過完了總要有個不錯的總結。可是明明我們出發的時候就沒有想這麼多，走到中間了，突然回頭張望，卻發現：咦？我是偏離了嗎？我要趕緊糾正方向。是這樣的嗎？一開始明明大家都沒有往深處想，沒有往深處去，怎麼走著走著就像走歪了一樣？

　　就像我之前說的，我知道暫時沒有方向就像我空拳打在空氣裡，我很想要使勁兒，但是不知道勁兒應該使在哪裡。於是我停下來觀照一下自己內心的想法。可是忽然又發現，當你沉浸在美好的風景當中，心是被這些美好占據的，根本不想再去想其他雜事。

　　在昆明的花鳥市場，我碰到一個短頭髮的小女孩，臉圓圓的，眼睛大大的，她應該是那家店老闆的女兒，沒有人照顧她，她就自己從店裡拿了好多石子兒裝進口袋，再歡樂地跑出來，跑到一張椅子面前，從口袋裡拿出這些五彩斑斕的石子兒，開始在那裡數數，一、二、三、四、五，一直數到十幾個，可是其實她的石子兒明明只有五六個，但是我看著她心無旁騖的樣子，我覺得她好快樂。她這個年紀一定不知道什麼叫方向，更不會想前進有沒有方向的事情。我看了她很久，想到我的小時候，也是自己跟自己玩兒，不亦樂乎。

　　我當時一定也沒有什麼方向。不對，或者說我當時知道得太少了，並不知道到底有多少條路可以走。現在則是我們知道得太多，面對的誘惑和選擇太多，總擔心自己撿了西瓜，之後又會出現榴槤，到時候什麼都拿不了，最後什麼都拿不到，一直搖擺，一直徘徊。

　　晚上洗澡的時候，我想到這個事情，突然想起何炅在一個節目裡的演講，他講到了他的一個朋友，特別喜歡麥可‧

傑克森,他人生當中最大的夢想是看一場麥可·傑克森的演唱會。

可是麥可很少來亞洲,有一年他去了韓國,於是何炅的朋友想方設法弄到了一張麥可演唱會的門票。

演唱會很棒,聽完演唱會的他很興奮。可是在回酒店的車上,他卻突然放聲大哭。

他的夢想實現了,他不知道接下來該往哪裡去,不知道人生當中下一個會興奮、會有希望的事情在哪裡。於是,他的人生方向迷失了,被巨大的空虛感裹挾著。

最後何炅說:「其實,夢想存在的意義,並不僅僅是拿來實現的,更是因為它就在遠方,一直提醒我們可以去努力、可以去變成更好的人。」

其實前進的方向也是如此,方向好像總是在很遠的地方或者不知道在什麼地方,所以我們才要去找到它。

同樣在這期《樂隊的夏天2》裡,白皮書的鼓手說了一句話也擊中了我,好奇怪,我怎麼這麼容易被擊中呢?她講出來的時候是他們第二次和椅子樂團battle(比拚)失敗,他們拿了從未排練過的新歌《清河》來演出,效果非常棒,各種樂器運用得雖然還有瑕疵,但已經很棒了,可最後結果還是他們敗了。

忘記節目組說了什麼,只記得當時蟲子紅著眼說:「我

的老師以前和我說過，當你一直去做一件事情的時候，不要去想最後的結果是什麼，你就一直做一直做，命運會在某個地方餽贈你禮物的。」她是這樣的人，為了編這首歌裡的鼓，幾乎一夜未眠。

相比之下，我則恰恰缺少這樣的耐力，總是想要抬頭看看我走到百分之幾了？我的方向還在不在呢？我的路走歪了嗎？我是不是走錯了？可是我更該做的是比之前更多地低下頭來，享受當下，只看眼前的事情，只關注眼前最重要、最吸引我的人、事、物。

我們每個人生來就有一個固定的方向，生來就有一條固定的路，就是勤勤懇懇地學習，找一份好工作，結婚，生個可愛的孩子，撫養他長大，再慢慢變老直到死亡。可是這樣多無聊，多麼沒有驚喜。就像旅行中，導遊告訴你前方是哪裡，你們可以去哪裡買東西，在哪裡拍照。這樣真的不無聊嗎？

我想至少我們是為了自己增長見識去學習，所以很多人從大學走出來才真的知道什麼是學習；為了自己的理想去工作，而不是為了上班打卡浪費自己的時間，為別人打工，上班不等於工作，同樣工作也不一定非要去上班；為了和一個人長相廝守，走到需要結婚的時候才去結婚，而不是為了所謂「年紀不小了，你們也談了很久了」；為了喜歡孩子、想

要自己生一個才去生孩子，而不是被婆婆催，看到周圍朋友
都有了就要生……如果多去看看自己內心的需要，是不是才
知道怎樣的方向才是自己的方向呢？

　　當你迷茫、不知道方向、找不到未來的時候，我能想到
的是或許我們可以停一下，觀照一下自己的內心，觀照一下
自己的想要和不想要，再去看看是不是會好一些。

　　在去大理的路上，被藍天白雲擊中，分享了一段小影
片，並且配了伍佰的《白鴿》，發在社群平臺上。我說「前
方啊沒有方向」，一個粉絲告訴我：

　　「那我們往哪走啊？」「往前走。」「哪是前啊？」「我對
您透露一個大祕密，這是人類最古老的玩笑。往哪走，都是
往前走。」

　　　　　　　　　　　—— 米蘭昆·德拉《雅克和他的主人》

　　我很感謝她給了我一些啟發，無論我現在往左往右還是
往北往南，只要我在走，只要我沒有停滯不前，我都是在往
前。看到這裡的你也是一樣。

　　同樣，再分享幾句給了我一點力量的歌詞。一個是康姆
士樂隊，他們告訴我：「別哭，前面一定有路。」另一個是
伍佰，他說：「至少我還擁有自由。」

選擇一個地方，就是選擇一場人生

「妳辭職後準備去幹嘛？」

「我也不知道，就先去玩一會兒。」

如此，到目前為止我玩了接近一個月，去過大大小小六個地方，從閒適的昆明到仙境般的大理，從「巴適」的成都到極其魔幻的重慶，從精緻優雅的上海再到秀麗風光的杭州，有些地方已經去過很多次，有些地方是第一次去，我的目的都是想要去找下一個想要停留的地方。

到一個地方，都會去尋找一個可能愛上它的理由，問問自己是不是可以安心地留在這裡。這成為我這趟旅程中的重要命題。

我特別想要在旅程中好好考慮清楚這些問題，但常常會被身體的勞累消耗掉這些可以思考的精力，最後有點兒慚愧的是，什麼都沒有思考清楚，這點好生氣！

但我的腦袋裡還是抑制不住地冒出一些想法的泡泡，不把它們寫下來就要爆炸的那種。

第一個到的城市是昆明，這已經是我的第三次造訪。我對昆明沒有特別深刻的印象，但天氣是真的很好。

　　第一晚就移居到當地的一個相識的姐姐家，她盛情款待，我們吃得飽飽的就去翠湖遛彎兒。沒想到夜晚的翠湖路上還有很多人在跑步，也是，夜晚來臨，家中無事，氣候又舒服，何不健身愉悅身心呢？

　　同行的除了相識的姐姐，還有她的先生和閨密，他們都是前幾年從北京「逃」到昆明的。我們一群人在翠湖邊坐著聊了很久，聊他們的生活狀態，聊他們的現狀和未來規劃。我竭力想要在他們的交談中找到可能愛上昆明並且願意駐紮在這裡的理由，可是發現很困難。不是因為昆明這個城市怎麼樣，而是我自己的喜好。

　　昆明有很多好吃的東西，遍地是餌絲和米線，遍地是豆腐和馬鈴薯，都是我愛吃的，但讓我天天這麼來，我是不願意的。這個城市安逸，節奏較慢，人們看起來都能踏踏實實地去勞動，但目前我似乎仍希望生活在有點兒速度但別那麼快的地方。

　　我們在昆明的後幾天，切實地被它的好天氣治癒，也在其他朋友的嘴裡切實地得到另一個答案：我們選擇生活的城市，是不是先要想好了我們想要做的事情，以及這座城市能否滿足呢？我似乎又明白了一點，於是心裡暗暗給昆明畫了一個「待定」。

　　我現在還想在人海稍稍浮沉，還沒有境界可以像陶淵明

那樣去歸園田居。我哪兒搆得著這個境界呢？

　　第二站我們去了附近澄江縣的撫仙湖，就是李健歌裡唱到的撫仙湖。

　　這是一個縣級市，靠近撫仙湖的小村莊沒有那麼多人，很安靜。撫仙湖就更不用說了，白天的時候像個淑女，靜靜地待著就很美，陽光射下來，湖面泛起了光。我們租了一輛車，環繞著湖走了小半圈，每次靠近湖水、遇到它新的一面的時候，都會被美景打動。

　　晚上的撫仙湖則像個有點心事的小姑娘，有小小的浪，溫柔地衝著海岸。月光灑在湖面，真的是波光粼粼。周圍很黑暗，可以看到無數的星星，真想在湖邊睡一晚。我們坐著，周圍很安靜，可以聽到一聲聲的蟈蟈叫聲。

　　我們的民宿房東是個設計師，她堅決不去大城市工作，只想待在山明水秀的地方悠閒生活，做做線上的設計工作維持生活即可。她是個把自己想要的生活想明白並且正在踐行的人，我很羨慕這樣的人，但是我也不確定能不能安下心來守著一片湖，過著安靜自足的生活。

　　至於她，我們可以再另起一章好好聊聊。

　　第三站就是風花雪月的大理了，我從沒來過大理，但在不少人的朋友圈裡已經看過多次。一直有一種擔心，它會不會已經被各種人捧為網紅城市，大家都來打卡而不是真正地

感受這座城市呢？

　　我們這次住在大理古城旁邊，一進入大理古城就是各種類似的商店，略顯無趣，而路過的酒吧裡傳來的歌聲也是如此，歌手們當然技術線上，但打動不了人就是打動不了人。

　　但大理的風景絕對沒話說，我們三天都租了電動車環行洱海，路上無數次被藍天白雲打動，眼前有美景，胸中自然沒有了憂鬱心事。雖然三天的電動車都出了問題，但最終還是會因為美景原諒一切。

　　最愜意的時光就發生在一家咖啡館門口，我們坐在路邊的躺椅上看人來人往，有的人氣定神閒，有的人匆忙趕路，人是最豐富的風景。暈暈乎乎之間我像做了一場夢，這樣的生活才是我想像中的大理生活，而不是各種網紅打卡拍照和沒有情感的歌唱。

　　這樣說終歸是個人的一些偏見，還請觀者以自我感受為準。你說我還要再來大理嗎？會再來的，但希望下次見面，彼此變得更好。

　　第四站選在成都，成都我沒有來過，但我曾在大學畢業時就設想過與成都有關的一種可能性：比如我在北京待五年，攢到一定的錢，我就搬去成都過安逸日子。結果在北京待了六年，也沒有攢下什麼錢，而成都已然成為遠方，所以這次來我有帶著審視的目光去打量這個城市。

　　到一個陌生的地方，我當然也會跟著別人的攻略走一走當地才有的地方，也許去的人太多了，那些本來很好的地方也變得無聊、無趣，我暫且不提它們了。

　　用騎腳踏車的方式其實是可以更好地去感受一個城市，你可以到比步行能到達的更遠的地方，也可以不用隔著汽車玻璃，可以更近一點兒地去體會城市。

　　所以我們也騎腳踏車穿行了幾天。在去成都博物館的路上，路的兩旁種滿了樹，似乎是梧桐樹，清風送來一陣陣清香，這條路給了我們對成都極大的好感，下過雨，所以空氣是有些溼潤的，而那種溼潤又沒有黏在皮膚上的不適感，一切都令人非常舒服。

　　在成都也有去拜訪朋友，問了他逃離北京後的感覺，他說不再那麼焦慮不安，不再吃外賣，有了更多生活的時間，他可以去健身，去好好做一頓飯給自己。我想他的逃離應該是很有意義的事情。

　　離開成都之後就坐綠皮車去重慶，重慶也是第一次去，我們對霧都的認識還是膚淺了，相比於霧都來說，重慶更該被稱為「魔都」。

　　從房屋之間穿行的輕軌，橫跨江面的索道，無處不在的樓梯⋯⋯有時覺得「這總該是平地了吧」，結果往遠處一看，我們正在距離地面十層樓的高空中。

火鍋是香的，也是不敢多吃的，在這裡，導航類 APP 幾乎沒有實際意義，最實在的就是問問當地人怎麼走。

重慶是個煙火氣很足的地方，路上總是充斥著各種聲音，嘈雜但有種野生的生命力。

但我亦不會在這個階段選擇重慶，因為它讓我迷失在森林裡，而我想要走在大街上。

第五個城市是上海，上海本來就是我們離開北京後的第一順位，我的想法是這樣的，它更開放，它靠近海，它當然也很昂貴，但它同時也很豐富，好像走在路上就可以和歷史、文化撞個滿懷。

同樣，在上海的那幾天也是這樣的感受，路上的姑娘都很自信，打扮精緻，基本實現穿衣自由，不太關注他人的目光，展現自己獨特的魅力，或者只是為了舒服去穿衣服。我想要成為她們那樣，自信而充滿活力。

騎車走在各式各樣的小路上，走幾步路就可以看到一個歷史悠久的建築，看到一個曾經在這裡發生的故事。我們幾乎騎了一整條愚園路，路邊的梧桐那麼漂亮，我們感受到被植物庇護的溫柔。路邊的商店也不攬客，它們就漂漂亮亮地開著，各自突顯著自己的風格。你願意來就來，所以但凡來的人大多數是一路人，也就省了雙方很多麻煩。

上海的便利店很多，偶爾在一些店裡竟有些彷彿在東京的

恍惚感，覺得確實便利到了人本身，而不是為了賣那幾樣東西。

我前幾天聽了《大內密談》的一期節目，相徵和賀榆與我們幾乎相同的時間待在大理，所以對他講的東西很能理解。

他們說有些城市是滋養人的，有些城市是消耗和汲取人能量的，比如京都這樣的城市就是在滋養人，而北京、香港、東京這樣的城市就是在消耗人。我無比贊同他們的觀點，因為我至今仍能感受到僅去過一次的京都帶來的深遠感受，而同時也能感受到在北京的疲憊。

在大城市裡，或者更準確地說，在那些消耗人能量的城市裡，大家過得不快樂，大家在這些城市裡很焦慮、很焦躁，而這些焦慮又無從說起，每個人似乎都渾身帶著刺兒，保護自己，充滿攻擊性，充滿對世界的負面情緒。沒有聽到身心的聲音，擔心自己有沒有比別人差勁，但是別人重要嗎？他們可能就是一個路人、同事，與自己生活沒那麼大關係的人們。

這樣不好，所以才想要「逃」。

我相信人們選擇一個地方，就是在選擇想要成為什麼樣的人、想要過上什麼樣的生活。所以我們應該要去面對自己內心所想，然後去做出判斷吧？

那麼我應該很快就有了答案，也祝願其他人能鼓足勇氣去面對心中所期待的事情。

祝我們明天都能愉快。

真幸運，能知道自己想要什麼生活

我不是一個很堅定的人，喜歡的東西很多，無法確定最喜歡什麼，要給這些東西排名是有點為難的事情，所以一直不太知道自己喜歡什麼。

這樣的困擾其實滲透在生活的很多層面，我不知道自己喜歡什麼樣的生活方式，不知道自己不上班的話喜歡做什麼，也就遲遲邁不出目標明確的每一步。

所以我非常羨慕那些知道自己喜歡什麼、知道自己要什麼的人，我猜測這樣的人生是不是會簡單很多，知道想要去的地方就設計去那裡總共分幾步，然後一步步去完成就好。

我也會覺得這樣是不是比較無趣，因為每一步該怎麼做都明確了，意外和驚喜會不會少了？也不盡然。

但更大程度上還是會覺得能知道自己喜歡什麼，是非常非常幸運的一件事。

其實一早就該把這個話題寫一寫的，是因為我們旅行到撫仙湖，租住的民宿房東就是這樣一個人。

我們在「Airbnb」上看到她的房間就很喜歡，沒有太多餘的裝飾，木質家具，日式風格，簡簡單單的白床單，一切

都顯得那麼合適，於是果斷預定。

　　見面聊了沒幾句，我就被她的整棟房子吸引了，雖然在村子裡，房子內部卻應有盡有。這是個四層小樓，應該是很早期的那種自建房改的，一樓設定了小吧檯，她說晚上次來我們要是不累的話可以一起喝點兒小酒，旁邊還擺了許多唱片和書，我想也許我們是喜歡同樣東西的人。一樓還有一個小房間，她用來做放映室。二樓其中一個是我們的房間。在公共區域，她設定了攀岩裝備和跑步機。三樓因為是她自己住，所以我們沒有上去。聽說四樓其實是個半陽臺，我便開始浮想聯翩，如果在陽臺上晒被子一定很好。

　　下午我們基本都沿著撫仙湖走，撫仙湖怎麼美好我就暫且不提，因為它再美也不是本次主題。

　　晚上玩累了就在外面吃飯，回到民宿時差不多九點鐘，我們分別洗好澡就跑下樓，迫不及待想要和房東聊一聊。

　　她讓我們叫她九九。

　　九九去年研究所畢業，學工業設計，其實在她返回澄江之前，也是在大城市中奔波勞碌，是城市上班族中的一員。她之前的工作是做攀岩相關的設計，可是做著做著也會被安排很多營運的瑣碎工作，大城市的焦慮和奔波應該是沒有讓九九產生她想要的價值感，所以她就義無反顧地回到澄江。

　　其實她是昆明人，澄江的這棟房子是父母很早之前買

的，作用等同於度假別墅。因為她小時候爸媽老會帶著她來撫仙湖玩兒，所以就買了這所房子。

談起她想要的生活，她說，她想要的生活就是目前這樣的生活，靠線上的設計、線下的民宿賺一些零花錢，供日常生活就好，況且她在澄江一個月也花不了太多。每天起來就悠閒地過一天，自己做東西吃、喝點兒咖啡、晚上喝點兒小酒、看看電影、看看書，就非常滿足了。我聽得連連稱讚，因為我完全無法確定自己想要的生活方式是怎樣的。

說是「完全無法」，其實也有點兒誇張。確切地說，是無法堅定不移地選擇某一種生活方式。我把自己的這種心態歸因為我想要的東西太多。

想要的太多，於是無法做出那個堅定的、唯一的決定，應該算是原因之一吧。但這個原因不得不說還真有點兒無奈，紛紛亂亂的心是自己最大的仇敵，而這顆心卻是屬於自己的。我能理解像我這樣的年輕人在這個世界上，面對的誘惑和選擇太多，所以躊躇不前，無法確定自己真正堅定想要選擇的生活、工作、喜歡的人、定居的城市，等等。

但 —— 也許，看似選擇眾多，仔細想想那些選擇卻並不全部掌握在自己手裡。

比如我們認為大城市有更多的發展機會，但那麼多發展機會自己真的都可以把握得住嗎？別以為很多人是缺少機

會，很多人也許連抓住機會都是缺少勇氣的；比如我們進到一家快時尚品牌的服裝店裡，想著這些單價不算高的衣服，自己馬上就要悉數拿下，但三五件加起來的價格其實也不算微不足道了。總之，我們想要的，和我們實際可以掌握住的事物之間，還是有不少距離的。如果能想一想這些，可能有些看似艱難的選擇其實也就降低了不少難度吧。

但我仍然很羨慕九九這樣的姑娘，她能剔除掉社會和自己內心的雜音，知道自己喜歡什麼，並且堅定地去踐行，這個簡直太可貴了。

她跟我們講，大學期間只要能有一小段時間出去旅行，她就去世界各地做背包客，寒暑假更是，幾乎不回家。父母也極其開明，她願意四處走走，只要她可以保證自己的安全和溫飽，那就隨意，擁有這樣的父母也是非常幸運的一件事兒。我想，大概這樣的經歷也讓她刪除了一些不必要的人生選項吧。在旅行中去體驗各種生活，觀察別人的生活，再聽聽自己內心的聲音，然後才可以那麼堅定吧。我是如此認為的。

所以，我們這樣的年輕人，即使現在還無法堅定不移地選擇一種生活，也不用太擔心，因為慢慢地，總會知道哪些事物其實對自己真的沒那麼重要，而哪些事物卻重要到不得不去守護它。

真幸運，能知道自己想要什麼生活

　　雖說彆著急，但也別放鬆，要為了這個目標去不斷找尋呀。

電子書購買

爽讀 APP

國家圖書館出版品預行編目資料

畢生追求，愛與自由：從「心」理解生活的意
義與價值，找回人生的美好時光 / 少女綠妖 著 .
-- 第一版 . -- 臺北市：崧燁文化事業有限公司，
2024.05
面；　公分
POD 版
ISBN 978-626-394-245-5(平裝)
1.CST: 自我實現 2.CST: 通俗作品
177.2　　113005204

畢生追求，愛與自由：從「心」理解生活的意義與價值，找回人生的美好時光

臉書

作　　　者：少女綠妖
發 行 人：黃振庭
出 版 者：崧燁文化事業有限公司
發 行 者：崧燁文化事業有限公司
E - m a i l：sonbookservice@gmail.com
粉 絲 頁：https://www.facebook.com/sonbookss/
網　　　址：https://sonbook.net/
地　　　址：台北市中正區重慶南路一段六十一號八樓 815 室
Rm. 815, 8F., No.61, Sec. 1, Chongqing S. Rd., Zhongzheng Dist., Taipei City 100,
Taiwan
電　　　話：(02) 2370-3310　　傳　　　真：(02) 2388-1990
印　　　刷：京峯數位服務有限公司
律師顧問：廣華律師事務所 張珮琦律師

定　　　價：375 元
發 行 日 期：2024 年 05 月第一版
◎本書以 POD 印製
Design Assets from Freepik.com